에르디아 비경쟁토론,
따뜻한 대화가 대한민국 곳곳에
피어날 수 있기를 희망한다.

에르디아
비경쟁토론
수업을 디자인하다

공감하고 소통하고 질문하는

에르디아 대화학교(주) 지음

에르디아 비경쟁토론

수업을 디자인하다

초록비 책공방

15년이 지난 지금, 드디어 여러 선생님의 마음을 모아 에르디아 비경쟁토론의 진수를 책으로 출간하게 되었다. 에르디아ERDIA는 독일어 'Ernster'와 'Dialog'의 약자를 따서 만든 용어로 '진지한 대화'라는 의미를 지니고 있다. 사람과 사람 사이에서 진지한 대화라는 한 송이 꽃을 피우고 싶어 시작했던 자그마한 마음이 저자 15명의 연륜이 담긴 꽃다발이 되어 독자들에게 선물하고자 한다.

생각해 보면 에르디아 비경쟁토론의 시작은 정말 소소했다. 15년 전 소프트웨어 엔지니어로 일했던 나는 평일 야근이 다반사였고 주말 출근도 종종 있었다. 당시 집과 회사만 오가는 것보다는 좀 더 의미 있는 삶을 살고 싶은 생각이 굴뚝같았다.

우연히 아무것도 없는 상황에서 연극을 준비하는 교회 청소년들의 열정적인 모습을 보며 참 멋지고 아름답다는 생각이 들었다. 갑자기 울컥하는 마음에 청소년에게 좋은 어른이 되고 싶다는 열망이 생겼다. '청소년'이라는 세 글자에 눈물이 나던 시절이었다. 고민 끝에 청소년을 위한 독서토론 동아리를 만들기로 결심했고, 2009년 1월 에르디아 비경쟁토론 동아리가 탄생하게 되었다.

처음에는 동아리에 관심 있는 고등학생 2명과 6개월 동안 즐겁게 책을 읽고 토론했다. 6개월 후 5명의 학생이 동아리 활동을 하게 되었고, 1년이 지날 무렵에는 동아리 회원이 20명으로 늘었다. 이 정도 규모가 되니 내 용돈만으로 음료수를 주문해 카페에 앉아 토론하기가 어려워졌다. 돈과 장소가 필요해진 시기가 된 것이다.

그래서 우리의 취지를 이해해 주는 도서관을 찾아다녔고, 마침내 귀한 선생님 한 분을 만나 도서관에서 안정적으로 동아리 활동을 시작할 수 있었다. 더 나은 토론을 위해 코칭과 퍼실리테이션을 배우기 시작했고, 이를 접목해 '비경쟁토론'이라는 프로세스를 완성해 나갔다.

한번은 회사가 너무 바빠서 책도 못 읽고 야근 후 새벽에 귀가한 적이 있었다. '오늘은 그냥 못 한다고 하고 쉴까?'라고 잠시 고민했지만 한 번 빠지면 계속 빠질 것 같아 잠도 안 자고 바로 나가 학생들을 만났다. 피곤함에 절은 나를 오히려 걱정하며 자기들끼리 신나게 이야기하는 모습을 보며 벅찬 감동을 느꼈다.

그날 이후 나는 개입을 최소화하고, 학생들을 퍼실리테이터로 세워 비경쟁토론을 할 수 있게 만들었다. 또한 학생들도 쉽게 따라 할 수 있는 비경쟁토론 프로세스로 개선해 나갔다. 나는 학생들이 신나게 토론할 수 있도록 배경이 되어주는 역할로 전환했다.

이날 학생들을 믿고 독서 진행을 맡겼던 것이 지금의 에르디아 프로세스를 구축할 수 있는 원동력이 되었다. 3년 정도 꾸준히 진행했을 무렵 주변에서 점차 관심을 두는 사람들이 나타나기 시작했다. 학교 선생님들이 에르디아 비경쟁토론 현장을 직접 방문해 관찰하기도 했고, 학부모님들도 참관하며 응원과 지지를 보내주었다.

몇몇 학생들과 함께 시작했던 에르디아는 몇 년 새 인원이 점점 늘어나 함께해 보고 싶다는 분들이 다가오기 시작했다. 수원을 시작으로 안산, 안양, 용인, 서울, 대전, 청주, 세종, 대구, 부산 등 다양한 지역으로 확장되었다. 놀랍게도 홍보를 한 번도 하지 않았는데도 오직 입소문만으로 전국 30여 개 지역으로 에르디아가 퍼져나갔고, 약 7,000명이 넘는 학생이 에르디아 비경쟁토론 수업에 참여하는 기적 같은 일이 일어났다.

에르디아 비경쟁토론에 관한 관심이 높아지면서 많은 학교와 지역에서 강연 요청이 쇄도했다. 소프트웨어 개발자라는 본업 때문에 주간 강연이 불가능했지만 저녁 7시 이후라도 좋으니 에르디아 비경쟁토론을 경험하고 싶다는 선생님들이 일주일에 다섯 군데 이상 나타났다. 지금 돌이켜보면 매일 저녁 피곤함을 이끌고 학교에 가서 선생님들과 함께한 에르디아 비경쟁토론이 오히려 하루의 피로를 풀어주었던 것 같다.

에르디아 비경쟁토론을 선물하고 씨앗을 뿌렸던 그 벅찬 시간의 감동이 아직도 생생하다. 혼자서는 더 이상 모든 강의를 감당할 수 없어 지역에서 몇 년간 함께 에르디아를 섬기는 선생님들께 도움을 요청했다. 이를 계기로 에르디아 비경쟁토론 퍼실리테이터를 양성하기 시작했고, 이들을 중심으로 지금의 에르디아 대화학교가 시작되었다.

지난 일을 떠올려 보니 혼자 글을 쓰는 것이 아니라 에르디아 비경쟁토론에 같은 마음으로 헌신하며 청소년을 위해 재능 기부하는 15명의 저자와 함께 글을 쓴다는 것은 의미가 깊다. 저자가 많다 보니 조율하는 과정이 쉽지 않았지만 각자의 개성과 경험을 담아 풍성한 글을 만들어내고 에르디아 비경쟁토론의 생동감을 더 잘 표현할 수 있었다.

선물 같은 이 책을 전국 선생님들 그리고 학생들과 함께 나누고 싶다. 저자분들은 교육 현장의 선생님들이 수업에 바로 활용하거나 청소년들이 스스로 동아리를 만들어 토론할 수 있도록 돕기 위해 에르디아 비경쟁토론의 15년 노하우를 최대한 기록하려고 노력했다.

에르디아 비경쟁토론의 묘미는 '대화의 안전지대'와 '새로운 생각의 즐거움'에 있다. 자유롭게 생각을 표현할 수 있는 대화의 안전지대에서 느끼는 안정감과 존중감 그리고 다른 의견을 통해 새로운 관점과 새로운 생각을 얻는 즐거움, 이것이야말로 에르디아 비경쟁토론의 가장 큰 선물이다. 다른 토론 방법들도 훌륭하지만 에르디아 비경쟁토론은 대화 자체의 즐거움에 빠지도록 돕는다. 학생들이 3~4시간 동안 앉아서 즐겁게 토론하는 모습을 보면 에르디아 비경쟁토론의 매력에 빠지지 않을 수 없다.

청소년을 생각하면 마음이 울렸던 예전의 기억이 생생하다. 지금도 전국에 대화의 안전지대가 만들어지고, 청소년들이 존중받으며 생각을 마음껏 표현할 수 있기를 바란다. 전국에 1,000개의 에르디아가 생겨난다면 배움의 즐거움과 대화의 따뜻함이 모든 청소년에게 귀중한 선물로 전해질 것이다. 이 책을 통해 많은 분이 에르디아 대화학교의 비전에 함께해 주시길 바라며 따뜻한 대화가 대한민국 곳곳에 피어날 수 있기를 희망한다.

차 례

1부.   에너지를 높이다

2부.   느린 대화로 생각을 열다

3부.　　질문으로 토론을 디자인하다

4부.　　아이디어로 생각을 보태다

따뜻한 대화, 에르디아 비경쟁토론

○ 에르디아 비경쟁토론, 어떻게 만들어졌나요?

한 교실에서 선생님이 질문을 던졌다.

"토론이 왜 중요할까요?"

잠시 정적이 흘렀다. 일부 학생들은 손을 들고 적극적으로 발언할 준비를 했지만 그 외 학생들은 불안한 표정으로 손끝만 만지작거렸다. 이들의 머릿속에는 이런 생각이 맴돌았을 것이다.

'어떤 말을 해야 하지?'

'틀리면 어떡하지?'

'내 생각을 말해도 될까?'

기존의 토론 방식에는 이런 긴장감이 존재했다. 논리적 근거를 통해 상대를 설득해야 했고, 다른 사람의 이야기를 듣기보다는 반박할 내용을 찾는 데 집중하는 경우가 많았다. 경쟁 중심의 토론에서 이런 질문이 떠올랐다.

'토론은 왜 필요한가?'

흔히 토론은 사고력을 기르고 생각을 표현하며 비판적 사고력을 향상하는 데 도움이 된다고 말한다. 하지만 실제 토론을 보면 일부 활발하게 참여하는 학생들에게만 효과적이고 나머지 소극적인 학생들에게는 도움이 되지 못하는 경우가 많았다.

'토론이 반드시 경쟁적이어야 할까?'

'모두가 생각을 편하게 표현하고 서로의 의견을 경청하며 다름을 통해 배우는 토론이 오히려 필요한 것이 아닐까?'

이 질문들이 머릿속을 떠나지 않았다. 그리고 모두가 함께 배우고 즐길 수 있는 새로운 토론 방식에 대해 고민한 끝에 에르디아 비경쟁토론이 탄생했다.

○ 에르디아 비경쟁토론을 접한 학생들의 반응은 어떤가요?

비경쟁토론 수업을 하면서 학생들에게 자주 듣는 말이 있다.

"전혀 생각해 보지 못했던 걸 알게 되어서 정말 신기했어요."

"새로운 방식으로 사고하는 게 이렇게 재미있을 줄 몰랐어요."

학생들은 토론 과정에서 배움의 즐거움을 새롭게 발견한다. 단순히 정답을 찾는 것이 아니라 다양한 시각을 탐색하며 사고의 폭을 넓혀가는 경험을 한다.

"일주일 중 말을 가장 많이 한 날이에요."

"제 말을 누군가 들어준다는 게 이렇게 기분 좋을 줄 몰랐어요."

에르디아 비경쟁토론은 학생들이 서로의 의견을 존중하는 환경 속에서 편안하게 생각을 표현하도록 돕는다. 자연스럽게 상대방의 의견을 경청하는 태도를 배우고 다양한 관점을 접하면서 더 깊이 이해하는 힘을 기를 수 있다. 학생들은 다름 속에서 새로운 시각을 얻는 즐거움을 경험하며 때로는 토론이 끝난 후에도 대화의 여운을 곱씹으며 감사함을 표현하곤 한다.

◎ 에르디아 비경쟁토론은 어떤 방식으로 진행되나요?

◎ 1단계: 대화의 안전지대 만들기

대화를 편하게 나눌 수 있는 대화의 안전지대를 조성하는 것이 중요하다. 말을 잘하든 그렇지 않든 누구나 부담 없이 대화에 참여할 수 있도록 편안한 환경을 마련하는 것이 먼저이다. 어떤 이야기를 해도 판단 받지 않고, 다소 엉뚱한 이야기라도 자유롭게 말할 수 있는 분위기가 형성될 때 비로소 대화의 안전지대가 만들어졌다고 볼 수 있다. 에르디아 비경쟁토론을 성공적으로 시작하는 데 가장 중요한 요소이다.

◎ 2단계: 느낌 표현하기

지금까지 우리는 책의 내용을 확인하거나 이해도를 파악하는 데 초점을 맞추어왔다.

"이 책의 핵심 내용은 무엇인가요?"

이런 질문은 책의 정보와 줄거리를 정리하는 데 도움을 줄 수 있다. 하지만 시선을 조금만 달리해 책 자체보다 책을 읽은 사람에게 더 집중하고 관심을 기울이면 질문이 어떻게 바뀔까?

"이 책을 읽고 어떤 느낌이 들었나요?"

"그렇게 느끼게 된 이유가 궁금해요. 좀 더 구체적으로 표현해 줄 수 있나요?"

책의 내용도 중요하지만 그 책을 읽은 사람이 무엇을 느끼고 생각했는지에 관심을 갖고 물어보는 것이 더 의미 있는 대화를 만든다. 누군가가 내 느낌을 궁금해하고 감정을 공유하며 대화를 나누면 상대방을 통해 나 자신을 더 깊이 이해할 수 있고 내 감정과 생각을 더욱 분명하게 표현할 수 있다. 결국 에르디아 비경쟁토론은 단순히 책을 분석하는 것을 넘어 사람과 사람 사이의 진정한 대화를 만들어 내는 과정이다.

◎ 3단계: 키워드로 관점 전환하기

책을 읽고 나서 나에게 의미 있게 다가온 내용을 키워드로 만들어보는 단계이다. 이 키워드는 단순한 단어가 아니다. 그것은 그 사람이 책을 어떻게 바라보고 있는지 보여주는 창이 된다. 같은 책을 10명이 읽더라도 10개의 서로 다른 키워드가 나올 수 있다. 각자의 관점이 반영된 키워드는 곧 그 사람이 책을 통해 무엇을 중요하게 생각하는지 알 수 있다.

이러한 키워드를 중심으로 책을 다시 바라보고 대화를 나누면 이전에는 미처 생각하지 못했던 다양한 의미를 발견할 수 있다. 같은 내용을 읽었지만 누군가는 '용기'라는 키워드를, 또 다른 누군가는 '성장'이라는 키워드를 선택할 수도 있다. 이렇게 서로의 키워드를 공유하고 그 의미를 탐색하는 과정에서 책 읽기와 토론은 더 재미있게 느껴진다. 더 나아가 이 과정에서 우리는 집단지성의 힘을 경험한다. 각기 다른 시선이 모일수록 다양한 생각을 만나고 관점은 더욱 확장된다. 결국 다름은 불편한 것이 아니라 서로에게 도움이 되는 소중한 선물이다.

◎ **4단계: 토론 질문 만들기**

에르디아 비경쟁토론의 핵심은 '질문 만들기'이다. 단순히 주어진 질문에 답하는 것이 아니라 학생들이 직접 질문을 만드는 과정 자체가 토론의 중심이 된다.

질문을 스스로 던질 때 토론은 더욱 흥미로워진다. 어떤 점이 궁금한지, 어떤 질문이 대화를 더 깊이 있게 만들 수 있을지 고민하는 과정에서 자연스럽게 생각하는 힘과 표현하는 힘이 함께 길러진다. 학생들에게 질문을 만들 기회를 주고 기다려보면 예상치 못한 질문이 나오고 학생들의 질문 능력이 향상되는 것을 경험하게 된다.

질문을 만들고 비슷한 질문끼리 연결하고 투표를 통해 가장 흥미롭거나 본질적인 질문을 선택하는 과정에서 질문하는 힘이 길러지고 대화의 깊이도 점점 더 깊어진다.

결국 좋은 질문이 좋은 토론을 만든다. 질문이 다양해질수록 관점도 넓어지고, 질문하는 능력이 좋아질수록 생각하는 힘도 좋아진다. 질문하는 법을 배우는 것은 단순한 토론 기술이 아니라 스스로 생각하는 힘을 기르는 과정이다.

◎ 5단계: 쓰면서 토론하기

에르디아 비경쟁토론에서는 생각을 시각화하는 과정이 중요하다. 이는 생각을 명확하게 정리하도록 돕고 다른 사람의 의견을 더 깊이 이해하며 확장하는 데 도움을 준다.

그렇다면 왜 쓰면서 토론하는 것이 필요할까? 쓰면서 토론하면 다른 사람에게 방해받지 않고 생각을 차분히 정리할 수 있다. 생각을 정리했기 때문에 다른 사람의 이야기에 더욱 집중할 수 있고 경청할 준비도 자연스럽게 갖추게 된다.

또한 글로 쓰는 과정은 모두에게 동등한 발언 기회를 제공한다. 즉흥적인 말하기에 익숙하지 않은 사람들도 차분히 자기 의견을 정리할 수 있고, 상대방이 시각적으로 표현한 의견을 보며 자기 생각에 더하는 여유도 생긴다. 서로의 의견을 글로 정리해 가면서 다양한 이야기를 더 쉽게 파악할 수 있는 것도 장점이다.

이처럼 쓰면서 토론하면 여러 측면에서 도움을 받을 수 있다. 각자 조용히 생각을 정리한 후 직접 쓴 내용을 읽으며 설명하는 과정으로 이어진다. 생각을 덧붙여 보완할 수도 있고, 왜 그렇게 생각했는지 이유를 추가로 설명할 수도 있다. 상대방에게 질문을 받으면 이해되지 않는 부분을 더 명확하게 풀어낼 기회도 생긴다. 에르디아 비경쟁토론에서는 꼭 결론을 내릴 필요가 없다. 서로의 생각을 듣고 나누는 것만으로도 충분히 의미 있는 경험이 되기 때문이다.

◎ 6단계: 성찰하기

토론을 마무리하는 단계에서는 대화를 통해 흥미롭거나 새롭게 발견한 점을 함께 나눈다. 서로의 이야기를 들으며 미처 깨닫지 못했던 부분을 발견하고 새로운 관점을 얻을 수도 있다.

하지만 성찰은 단순히 새로운 깨달음을 공유하는 것에서 끝나지 않는다. 마지막으로 토론을 통해 얻은 배움을 삶에 어떻게 적용할지 고민하는 과정이 필요하다. 그리고 이를 사람들 앞에서 다짐하며 발표하는 시간을 갖는다. 이 과정은 생각을 행동으로 연결하는 중요한 다리 역할을 한다. 에르디아 비경쟁토론이 단순한 토론에서 그치지 않고 삶 속에서 변화를 만들어내는 과정이 되는 이유가 여기에 있다.

성찰하기는 에르디아 비경쟁토론에서 반드시 포함해야 할 중요한 마무리 단계이다. 대화를 통해 얻은 깨달음이 나의 것이 되고, 결국 나를 변화시키는 힘이 되도록 돕는 과정이기 때문이다.

● 에르디아 비경쟁토론을 해야 하는 이유는 무엇인가요?

에르디아 비경쟁토론은 누구나 참여할 수 있고 다양한 생각을 존중하는 대화 방식을 지향한다. 결론을 잘 도출했는지보다 다음과 같은 요소가 토론의 성공 기준을 정한다. 이는 에르디아 비경쟁토론의 필요성을 잘 알려주는 지표와도 같다.

'모두가 자기 생각을 충분히 표현했는가?'

'새로운 관점이 열렸는가?'

'미처 생각하지 못했던 의견들이 나왔는가?'

에르디아 비경쟁토론에서는 자기 의견을 방어하는 것이 아니라 몰랐던 관점을 수용하고 새로운 시각을 받아들이며 생각의 차이를 통해 배우는 과정 자체가 핵심이 된다. 결국 논쟁이 아닌 배움과 성찰의 과정으로 이어지는 것이 에르디아 비경쟁토론의 본질이다. 내 생각을 표현하는 과정이 즐겁고 다른 사람의 의견을 듣는 것이 흥미로운 경험이 된다. 토론을 통해 새로운 관점을 배우고 사고의 폭을 넓히는 과정 자체가 의미 있는 배움이 된다. 이것이 바로 에르디아 비경쟁토론이 필요한 이유이다.

○ 에르디아 비경쟁토론만의 차별점은 무엇인가요?

일반적인 토론과 비교했을 때 에르디아 비경쟁토론만이 가진 특성은 다음과 같다.

첫째, 에르디아 비경쟁토론은 설득이 아닌 수용을 목표로 한다. 대부분의 토론에서는 상대방을 설득하거나 자신의 의견을 방어하려

는 경향이 강하다. 하지만 에르디아 비경쟁토론에서는 생각이 다를
경우 먼저 충분히 이해하려는 태도를 갖는다. 설득 대신 질문을 먼
저 던진다.

"왜 그렇게 생각했을까?"

상대방의 의견을 존중하며 열린 태도를 유지한다.

"그렇게 생각할 수도 있겠구나."

다른 의견을 통해 자신의 관점을 확장한다.

"당신 덕분에 새로운 시각을 갖게 되었어요."

이처럼 에르디아 비경쟁토론에서는 방어와 설득 대신 존중과 수
용을 중심으로 대화가 이루어진다.

둘째, 에르디아 비경쟁토론은 모두의 참여와 집단지성의 힘을 강
조한다. 일반적인 토론에서는 준비된 사람만이 주로 발언하는 경우
가 많다. 하지만 에르디아 비경쟁토론에서는 모두가 참여할 수 있도
록 설계되며 다양한 도구와 방법을 활용하여 각자의 의견을 쉽게 표
현할 기회를 제공한다.

'어떻게 하면 모두가 주도적으로 참여할 수 있을까?'

'개인의 날카로운 논리보다 함께 모인 생각의 힘으로 더 나은 결
론에 도달할 수 있을까?'

이러한 고민을 바탕으로 각자의 아이디어가 모여 새로운 관점이
형성되는 경험을 만들어낸다.

셋째, 에르디아 비경쟁토론은 속도가 아닌 깊이에 집중한다. 일
반적인 토론에서는 빠르게 논점을 정리하고 결론을 도출하는 것이

중요하지만 에르디아 비경쟁토론은 충분한 시간을 들여 깊이 있는 대화를 만들어간다. 빠르게 답을 찾기보다 과정에서 더 많은 것을 발견하는 것이 핵심이다. 즉각적인 반박보다 상대방의 의견을 곱씹으며 새로운 의미를 찾는다. 에르디아 비경쟁토론을 통해 단순한 의견 교환을 넘어 사고의 깊이가 확장되는 경험을 할 수 있다.

넷째, 에르디아 비경쟁토론은 토론이 끝난 후에도 계속 생각하게 만든다. 보통의 토론은 찬반 논쟁이 끝나면 마무리된다. 하지만 에르디아 비경쟁토론에서는 성찰의 과정이 반드시 포함되어 있다.

"오늘 토론에서 새롭게 배운 것은 무엇인가?"

"내 삶에 적용하고 싶은 것은 무엇인가?"

에르디아 비경쟁토론에서는 이러한 질문을 던지며 토론이 끝난 후에도 스스로 질문하고 고민하는 시간이 이어진다.

마지막으로, 에르디아 비경쟁토론은 단순한 토론 방식이 아니라 사고방식 자체를 변화시키는 과정이다. 에르디아 비경쟁토론은 더 나은 대화를 위한 방법이며 더 깊은 사고를 위한 과정이다. 이 과정에서 우리는 서로의 다름을 존중하며 새로운 시각을 발견하고 함께 성장하는 법을 배운다. 토론의 목적은 이기는 것이 아니라 더 나은 질문을 만들고 더 깊이 이해하며 사고의 확장을 경험하는 것이다. 이것이 바로 에르디아 비경쟁토론만이 가진 차별성이다.

● 에르디아 비경쟁토론이 만들어갈 변화는 무엇인가요?

에르디아 비경쟁토론은 논쟁을 피하는 것이 아니라 논쟁을 넘어 서로 배우고 성장하는 새로운 토론 방식이다. 타인의 의견을 존중하며 경청하고 질문을 통해 사고를 확장하며 감정과 느낌까지 존중하는 대화를 만들어간다. 이러한 과정에서 사람들은 생각을 더욱 명확하게 정리할 수 있고 타인의 관점을 통해 사고의 폭이 넓어지는 것을 경험한다. 결국, 에르디아 비경쟁토론은 단순한 토론 기술이 아니라 함께 성장하는 대화의 방식이다.

이러한 대화 방식이 학교와 가정으로 확산된다면 따뜻한 대화, 존중하는 대화, 서로에게 배움을 주는 대화로 이어질 것이다. 에르디아 비경쟁토론은 생각의 다양성을 존중하며 배우는 과정이기 때문이다. 이 과정에서 우리는 좁은 시야를 넓히고 예상치 못한 새로운 관점을 발견하며 생각이 다른 서로를 통해 배우고 성장하는 기회를 얻는다.

에르디아 비경쟁토론의 목표는 누가 더 논리적으로 상대를 이기는지가 아니라 서로의 생각을 연결하고 확장하여 새로운 배움을 만들어가는 것이다. 이것이 우리가 함께 에르디아 비경쟁토론을 해야 하는 이유이며, 앞으로 지속해서 만들어가야 할 변화이다.

1부

에너지를
높이다

마음을 열어야
소통이 이루어진다

"요즘 어떻게 지내세요?"

"오늘 정말 춥지요?"

우리는 누군가를 만났을 때 안부나 날씨를 묻는 가벼운 대화부터 시작한다. 서로 천천히 알아가는 시간을 가진 후 편안한 상태에서 깊이 있는 대화를 나누기 위해서이다. 누군가를 만나자마자 "당신은 어떤 삶을 살기 원하나요?", "당신의 강점은 무엇인가요?"라는 질문을 던지며 심도 있는 대화를 나누기란 쉽지 않다. 진지한 주제로 나아가기 위해서는 편하게 이야기를 나눌 수 있는 기본적인 소통과 상호 작용이 필요하다. 책을 읽고 서로의 생각과 사고의 확장을 돕는 독서토론에서도 마음을 여는 첫 작업이 중요하다.

학생들을 생각하는 교사는 다음과 같은 고민을 항상 안고 있다.

"재미있고 의미를 전달하는 수업을 하고 싶어요."

"수업에 들어가기 전 학생들을 집중시킬 수 있는 방법은 무엇이 있을까요?"

이때 첫 시작으로 학생들의 흥미를 효과적으로 끌 수 있는 유용한 활동이 바로 '마음열기'이다.

마음열기는 아이스브레이킹Ice breaking이라고도 하는데 어색한 분위기와 긴장감을 완화하고 구성원들과 친해질 수 있도록 돕는 활동이다. 에르디아 비경쟁토론에서는 학생들이 편안한 상태에서 주제에 대해 생각하고 고민하여 진지한 대화가 가능하도록 첫 시작에 마음열기 활동을 넣는다. 이른바 디딤돌 역할이라고 할 수 있다. 본격적인 요리에 앞서 가볍게 식욕을 돋우는 애피타이저처럼, 운동선수가 시합 전 몸을 푸는 것처럼 수업에 참여하는 학생들에게는 본격적인 에르디아 비경쟁토론을 할 준비가 필요하다.

마음열기를 하면 어떤 긍정적인 효과가 있을까?

첫째, 학생들의 긴장을 완화하여 편안한 분위기를 조성할 수 있다. 처음 만난 사람, 낯선 장소는 몸과 마음을 긴장시킨다. 이런 어색한 분위기는 마음열기를 통해 부드러운 분위기로 전환할 수 있다. 둘째, 소통을 촉진하여 대화의 안전지대를 형성한다. 학생들이 서로를 잘 알게 되고 신뢰감을 형성해 진지한 대화로 이끌어가는 발판이 된다. 셋째, 수업의 주제와 의미를 부여할 수 있다. 수업의 주제와 연결되는 마음열기는 학생들의 지속적인 관심과 참여를 유도하고 목표를 상기시키는 동기를 부여할 수 있다.

여기에서 소개하는 활동은 에르디아 비경쟁토론에서 자주 사용하는 마음열기 방법이다. 이런 활동을 통해 자유로운 분위기 속에서 생각의 확장을 돕고 함께 진지한 대화 시간을 만들어보자.

모둠을 만들다

에르디아 비경쟁토론은 자유로운 대화를 통해 서로의 생각을 공유하고 사고를 확장하는 것을 목표로 한다. 교사는 학생들이 의견을 자유롭고 편안하게 나눌 수 있는 '대화의 안전지대'를 만들어주어야 한다. 사람들은 대규모 그룹보다는 소그룹에서 편안함과 안전감을 느낀다. 이런 이유로 에르디아 비경쟁토론에서는 주로 모둠으로 활동을 준비한다. 모둠 활동을 하면 학생들은 누구도 소외되지 않고 자유롭게 생각을 펼치고 의견을 나눌 수 있다. 그리고 교사가 모둠원마다 해야 할 역할을 있다면 소속감과 책임감을 가질 수 있어서 '누군가 하겠지'라는 방관적 태도를 방지할 수 있다.

모둠 활동의 긍정적인 효과를 얻기 위해서 교사는 모둠을 어떻게 구성할지 심사숙고해야 한다. 토론 대상자에 따라, 토론 시간에 따라, 토론 주제에 따라 모둠을 빠르고 적절하게 구성하는 것이 필요하다. 모둠을 만드는 방법은 여러 학년이 참여하는 독서동아리 토론 수업과 학생자치회 토론, 리더십 캠프 등 상황에 따라 달라질 수 있다. 여기서는 에르디아 비경쟁토론에 주로 사용하는 '신속하게 모둠 만들기', '복불복 제비뽑기로 모둠 만들기', '도미노 박수로 모둠 만들기' 방법을 소개한다.

신속하게 모둠 만들기

교사가 에르디아 비경쟁토론을 편안하게 진행하기 위해서는 적어도 80~100분 정도가 필요하다. 하지만 학교에서 일반적인 수업 시간에 맞추어 에르디아 비경쟁토론 전 과정을 진행하려면 시간이 넉넉하지 않다. 이럴 때 미리 모둠이 형성되어 있으면 수업 시작이 훨씬 용이하다. 그때 주로 사용하는 방법이 '신속하게 모둠 만들기'이다.

교사는 기존 교실에 배치된 책상을 이용하여 빠르게 모둠을 만들 수 있다. 모둠 구성은 30명 이상일 때는 모둠별 6명 이내로 만들고, 20여 명 정도라면 4~5명으로 구성해도 좋다.

✦ 진행 방식

1. 교사는 "오늘 우리 독서토론 수업을 모둠으로 할 거예요. 모둠을 6명씩 만들어볼까요?"라고 학생들에게 요청한다.
2. 1, 2열은 마주 볼 수 있도록 책상을 돌려주고, 3열은 움직이지

않고 있다가 1, 2열이 만든 모둠에 책상을 붙인다.

3. 뒤쪽에 만들어지는 6열에 인원이 부족하다면 4~5명으로 모둠을 구성한다.

4. 책상 높낮이가 다를 경우 가운데 쪽 책상 높이를 맞혀 평평하게 배열하는 것이 좋다.

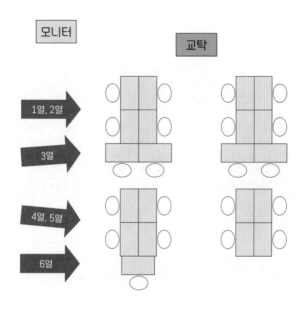

학생들에게 모둠을 만들어달라고 요청하면 "마음대로 앉아도 돼요?", "원하는 친구와 함께 모둠을 하고 싶어요."라는 말을 많이 듣게 된다. 이런 경우 교사는 "우리 교실 책상 배치를 이용해서 주변 친구들과 모둠을 빠르게 만들어볼까요?"라고 제안할 수 있다. 이 방법은 이야기를 잘 나누지 않았던 주변 친구들과 토론 과정을 거치면서 서로의 생각을 이해하고 친밀감을 형성할 수 있는 계기가 된다. 실제로 수업을 마칠 때쯤에는 서로 경계가 없어지고 팀워크를 발휘하는 모습을 발견할 수 있었다.

복불복 제비뽑기로 모둠 만들기

'복불복 제비뽑기로 모둠 만들기'는 모둠 이름이 적힌 종이 스틱을 뽑아서 해당 모둠으로 찾아가는 방법이다. 이 방법으로 모둠을 만들면 새로운 사람들의 다양한 생각을 듣고 이해할 수 있는 기회를 얻을 수 있다.

학급 교실이 아닌 학년과 성별이 다른 학생들이 참여하는 독서 동아리 토론의 경우 복불복 제비뽑기를 활용하면 학년과 성별이 다른 학생들을 골고루 배치할 수 있다. 또래나 같은 성별끼리만 모둠을 구성하면 다양한 생각이 잘 나오지 않는다. 주제에 따라, 학년별·성별에 따라 서로 생각을 자유롭게 나누기 위해서는 모둠을 적절하게 구성하는 것이 필요하다. 나와 연결 고리가 많지 않은 사람들의 입장이나 생각을 듣고 이해하고 공감하는 토론은 서로에게 특별한 경험이 된다.

복불복 제비뽑기로 모둠 만들기는 사전에 만든 교구를 활용해서 무작위로 모둠을 만들 수 있다. 이때 필요한 준비물은 두 가지 색지와 300ml 이상 단단한 종이컵, 필기도구 등이다.

✤ 진행 방식

1. 남녀 참여 학생 인원수에 따라 색지 색깔을 다르게 하여 스틱을 만들어 아래에 모둠 명을 적는다.

2. 학년별로 종이컵을 준비해서 모둠 명이 적힌 부분이 컵 아래로 향하게 스틱을 꽂는다.

3. 두꺼운 색지에 모둠 명을 적는다. 종이컵 하단의 가운데를 자른 후 그사이에 모둠 명이 적힌 색지를 끼운다.

4. 각 모둠 책상 위에 모둠 표시를 해놓는다. 학생들이 잘 찾아갈 수 있게 잘 보이는 곳에 배치한다.

5. 학생들은 오는 순서에 따라 종이컵에 꽂혀있는 스틱을 뽑아서 해당 모둠으로 이동한다. (토론 수업 시작 후 늦게 도착한 학생들은 인원이 적거나 빈자리가 있는 모둠으로 안내한다.)

♥ 종이컵 대신에 테이블에 세워놓는 집게를 구매하면 재사용할 수 있다. 모둠을 숫자로 정할 수 있지만 '즐거운 모둠', '행복한 모둠', '친절한 모둠' 등의 의미를 넣은 단어로 표현해도 좋다.

모둠 명이 적힌 스틱

모둠 표시 종이컵

도미노 박수로 모둠 만들기

'도미노 박수로 모둠 만들기'는 생일 순으로 동그랗게 선 학생들이 처음부터 끝까지 도미노 박수를 친 후 순서대로 모둠을 배정하는 방식이다. 학생자치회 또는 리더십 워크숍에서 모둠을 만들 때 활용하면 좋다.

학생자치회나 리더십 토론의 경우 회의 목적과 결과물이 분명하게 도출되어야 하므로 회의에 참여하는 학생들의 단합과 의사소통, 관계 형성이 중요하다. 이 방법의 장점은 참여자들끼리 서로 생일을 공유하는 과정을 통해 유대감을 형성하고 소통이 이루어진다는 점이다.

또한 도미노 박수 치는 시간 단축이라는 공동의 목표를 이루기 위해 서로의 반응을 관찰하고 집중하며 단합할 수 있다. 마지막으로 도미노 박수 치는 신체 활동을 하며 학생들은 학업에서 받았던 스트레스를 풀고 에너지를 높일 수 있다.

✚ 진행 방식

1. 교사는 생일 순서로 원을 만들어달라고 요청한다. 교사를 시작으로 시계 방향(또는 시계 반대 방향)으로 생일이 빠른 학생부터 가장 늦은 학생 순서로 원을 만든다.
2. 학생들은 돌아다니면서 생일 날짜를 공유하고 자신의 생일 순서에 맞는 자리에 선다.

3. 생일 순서대로 원이 만들어졌는지 확인한다. 만약 생일 순서가 잘못되었다면 순서에 맞게 이동하라고 요청한다.

4. 원이 완성되었으면 교사는 "도미노 박수를 얼마나 빨리 칠 수 있을지 한번 도전해 볼까요?"라며 생일이 빠른 학생부터 마지막 학생까지 도미노 박수를 치게 한다.

5. 학생들에게 도미노 박수 치는 시간이 얼마나 걸렸을 것 같은지 질문한 후 타이머를 보여주며 도전 시간을 확인시켜 준다.

6. 시간을 더 단축할 수 있는지, 몇 초에 도전할 것인지 다음 목표를 정한다.

7. 학생들과 정한 목표에 성공했다면 서로 감사의 인사를 나눈다.

8. 순서대로 1, 2, 3, 4, 5를 반복하여 각자에게 숫자를 정해준다. "1번 손들어주세요.", "1번 친구들은 1모둠입니다."라고 확인한 후 학생들이 해당 모둠으로 이동할 수 있도록 안내한다.

♥ 생일 순서로 원을 만들 때 시간이 많지 않다면 생일 정보를 제한 없이 편하게 공유해서 빠르게 원을 만들게 한다. 반면 시간이 여유 있고 흥미와 활동적인 방법을 원한다면 '말로는 생일을 알려줄 수 없다'라는 제약을 두어 진행할 수 있다. 생일 정보를 손짓, 몸짓으로만 파악하는 제약을 두는 것이다. 이 방법은 말로 생일을 알려줄 수 없기 때문에 학생들의 관찰과 집중이 더 요구되며 흥미와 호기심을 유발할 수 있다. 또한, 이런 경험을 통해 비언어적인 표현이 언어적 표현만큼 중요하다는 것을 배울 수 있다.

도미노 박수는 한 가지 활동만을 하는 다른 모둠 구성 방법과 달리 두 가지 단계로 이루어진다. 먼저 생일 순서대로 원 모양을 만들고, 도미노 박수 활동을 한 후 모둠을 정한다. 이 방법은 짧은 워크숍보다는 2~3회차 이상의 연수 또는 시간이 긴 토론 수업에 활용하면 좋다.

학생자치회 토론에서 도미노 박수로 모둠 만들기를 진행한 적이 있었다. 참가한 학생들은 서로 어색해 보였고 친분이 있는 학생들끼리 삼삼오오 모여있었다. 그래서 다른 학년, 새로운 친구들과 다양한 토론을 나눌 수 있도록 이 방법을 사용했다.

처음에는 학생들이 낯설어했지만 생일 순서로 원을 만들면서 "너도 12월이야?", "너 생일이 얼마 안 남았네.", "나랑 생일이 비슷하다." 처럼 서로 몰랐던 생일 정보를 교환하면서 반가움과 친밀감을 표현했다. 또 다른 반응은 도미노 박수 치기 목표를 12초로 잡고 시도했는데 10초에 성공하니 학생들은 "진짜요?", "우와~ 우리가 성공했어요?", "우리 마지막으로 8초에 도전해 보자."라는 반응을 보이며 뿌듯해했다. 이처럼 도미노 박수로 모둠 만들기를 하면 학생들이 서로 친밀감을 쌓고 성취감을 얻을 수 있다.

나와 타인을 연결하다

"모두가 참여하고 즐기면서 서로를 알아가는 활동은 무엇이 있을까요?"

"복잡하지 않으면서 '우리'라는 공감대가 형성되는 활동은 무엇이 있을까요?"

교사는 학생들이 자신을 넘어 친구들과 연결되는 경험을 하기를 원한다. 그래서 자신과 타인을 잇는 마음열기 활동을 매번 고민한다. 나와 타인을 연결하는 활동을 하면 상호 존중과 상대방에 대한 이해를 높일 수 있다. 공감 능력과 사회적 유대감도 키울 수 있다.

친구의 얼굴을 관찰하고 그림으로 그린 후 친구의 장점을 찾아보거나 한 가지 주제로 의견을 나누는 '나와 타인을 연결하는 마음열기'는 얼굴을 마주 보고 상대방의 경험을 들으면서 상대방의 감정과 생각을 이해할 수 있는 효과가 있다. 즐거운 공감 형성은 서로 밀 접하게 연결되고 심리적 안전지대를 형성하여 에르디아 비경쟁토론을 할 때 자유로운 의사 표현을 돕기도 한다.

여기서는 에르디아 비경쟁토론에서 사용하는 나와 타인을 연결하는 마음열기 활동 중 반응이 좋은 '3단계 릴레이 초상화', '인간 보물찾기', '멘티미터'를 소개하고자 한다.

이 활동을 통해 학생들은 서로에게 관심을 가지고, 함께 성장하는 경험을 하고, 누군가와 연결되어 있다는 소속감을 느낄 수 있다. 또한 학생들이 안정감과 편안함을 느껴 본격적인 에르디아 비경쟁토론 활동을 할 때 자신 있게 생각을 표현하고 나와 다른 상대방의 생각을 존중하는 마음을 가질 수 있다.

3단계 릴레이 초상화

'3단계 릴레이 초상화'는 모둠 구성원이 이어달리기를 하듯 얼굴 생김새를 하나씩 그려가면서 초상화를 완성하는 활동이다.

"릴레이 초상화를 시작해 보겠습니다."라고 하면 대부분의 학생은 초상화 전체를 완성해야 한다고 생각해서 걱정부터 한다. 하지만 3단계 릴레이 초상화는 모둠원이 함께 완성하기 때문에 그림 실력이 없어도 누구나 참여할 수 있다.

또한 3단계 릴레이 초상화 활동은 SNS를 통해 소통하는 것이 익숙한 요즘 학생들에게 눈을 맞추며 대화하는 의사소통 능력을 기를 수 있다는 장점이 있다. 또래 친구들과의 상호작용이 필요할 때, 새 학기 기간 자기소개가 필요할 때, 분위기 전환이 필요할 때 이 활동을 사용하면 좋다.

✚ 진행 방식

1. A4 용지를 가로 방향으로 놓고 삼등분으로 나누어 접는다.
2. 삼등분으로 나눈 칸 중 가운데 칸 상단 부분에 이름을 쓴다.
3. 이름을 쓴 A4 용지를 오른쪽 친구에게 전달한다.
4. A4 용지를 전달한 친구와 눈인사를 나누고 관찰한 후 얼굴형을 그린다.
5. 다시 오른쪽 친구에게 전달하여 눈과 눈썹을 그린다.
6. 4번과 5번을 반복하여 서로의 그림을 이어받아 초상화를 완성한다. (각각 20초씩 얼굴형 → 눈 → 코 → 입 → 머리 모양을 그린다.)
7. "친구야 미안해"라고 하며 완성된 초상화를 본인에게 전해준다.
8. A4 용지 빈 곳에는 모둠 활동에서의 역할이나 자기소개에 도움이 되는 질문에 대한 답변을 작성한다. 자기소개에 도움이 되는 질문은 다음과 같다.

Q. 오늘의 기분을 점수로 표현한다면?

Q. 최근 읽었던 책 중에 재미있었던 책을 소개한다면?

Q. 이래 봬도 저는~~ (자랑거리, 강점)

Q. 들으면 기분 좋은 말은?

❤ 3단계 릴레이 초상화를 그릴 때 오른손잡이는 왼손 사용하기, 왼손잡이는 오른손 사용하기라는 규칙을 세우면 관점을 다르게 볼 수 있는 색다른 마음열기를 할 수 있다. 이런 규칙은 미술 실력과 상관없이 동일한 조건으로 진입 장벽을 낮추었다고 볼 수 있다. 대체로 익숙한 손으로 그렸을 때보다 개성 있는 초상화가 완성되기도 한다.

입장과 처지를 바꾸어 생각해 보아야 할 때, 다양한 표현 방식을 존중해 주어야 할 때, 창의적인 접근이 필요할 때 서툰 손으로 완성하는 3단계 릴레이 초상화를 활용해 보면 좋다.

위의 자료에서 볼 수 있듯이 학생들이 각각 다른 색의 펜을 사용하였더니 이름을 알아가는 의미뿐만 아니라 협력, 공동 완성의 의미가 잘 드러났다. 서로 바라보는 것을 어색해하던 학생들도 3단계 릴레이 초상화를 그려 나가는 과정에서 자연스럽게 대화가 이어지고 웃으며 즐겁게 수업에 참여할 수 있었다. 마음열기 활동 후 3단 기둥 모양으로 접어 세워 서로의 이름을 확인할 때도 사용할 수 있다.

인간 보물찾기

'인간 보물찾기'는 준비된 질문지로 서로의 공통점을 발견하고 자연스럽게 다름을 이해하며 친밀감을 형성하는 마음열기 활동이다. 이 활동은 처음 만나는 자리나 새 학기를 맞이할 때 마음열기로 권장한다. 특히 에너지가 넘치는 저학년 학생들에게 적용하면 적절하게 에너지를 발산한 후 프로그램에 참여할 수 있어 참여도와 집중도가 높아진다. 학생들은 인간 보물찾기 활동을 하면서 자연스럽게 대화를 나누고 친밀감을 느낀다.

준비된 질문에 답하고 나와 답이 같은 친구를 찾아 손뼉치기 같은 임무를 수행하면 친구와 연결되어 있는 것처럼 느껴진다. 학생들이 다양한 경험을 나누고 서로의 이야기를 들을 수 있어 어색한 분위기를 없앨 수 있는 좋은 마음열기 활동이다.

인간 보물찾기 활동은 질문 개수에 따라 다르지만 10~15분 정도 소요된다. 이 활동은 교실 주변을 돌아다니면서 진행되기 때문에 학생들이 다치지 않도록 공간을 충분히 확보해야 한다.

✦ 진행 방식

1. 주제에 맞는 질문 8개를 준비한다. (활동 시간에 따라 질문 개수를 조정할 수 있다.)

> **Example**
>
> 나와 혈액형이 같은 친구 / 속상할 때 목소리가 커지는 친구
>
> / 화가 날 때 꾹 참는 친구

2. 모든 학생이 돌아다니며 2명씩 만나 가위바위보를 한다. 이긴 친구가 질문을 하고, 질문을 한 친구와 질문을 받은 친구가 같은 답을 할 경우 질문한 학생은 친구의 이름을 본인의 활동지에 적고 인사를 나눈 후 헤어진다. 이 과정을 선착순으로 3명이 나올 때까지 계속한다.

3. 본인 활동지에 메모한 답과 친구의 답이 다르면 그 친구의 이름을 적을 수 없다. 다른 친구를 만나서 질문을 하고 같은 답이 나오면 그 친구의 이름을 적을 수 있다. 제시된 보물을 모두 찾은 학생이 선착순으로 3명이 나오면 모두 자리에 앉는다. (참여 인원이 적거나 시간이 부족할 경우 3~5명으로 조정할 수 있다.)

4. 활동지에 함께할 수 있는 임무를 주면 더 재미있고 활동적인 시간이 된다.

다음 조건에 해당하는 친구의 이름 적기

no	활동 내용	who?
1	나랑 혈액형이 같은 친구 만나서 하이파이브 하기	
2	나랑 생일이 같은 달 친구 만나서 포옹하기	
3	발 사이즈 같은 친구 이름 적고 악수하기	
4	좋아하는 색깔이 같은 친구 만나서 팔짱 끼고 하트 만들기	
5	나랑 태어난 지역이 같은 친구 만나서 만세삼창하기	
6	MBTI 2개 이상 같은 친구 찾아서 이름 적고 외치기(OOO야, 반갑다)	
7	친구와 어깨동무하고 교실 한 바퀴 돌기	
8	가위바위보를 같은 것 낼 때까지 해보기	
9	친구의 어깨와 등을 10번씩 안마해 주기	

(선착순 3명)

학생들은 활동이 끝난 후 자리에 앉아 자기가 찾은 보물에 대해 이야기하며 활기차게 소통했다. 이때 주의할 점은 학생들이 교실을 돌아다니다 보면 다칠 위험이 있으니 안전에 유의해야 한다. 또, 가만히 있는 학생이 있다면 짝을 찾지 못한 친구와 연결해 주거나 교사가 직접 참여하여 소극적인 학생의 짝이 되어주는 것도 필요하다.

멘티미터

인공지능 기술이 급변하고 있는 시대에 디지털 관련 수업은 필수적이다. 이런 상황에서 교사들은 디지털 연수를 많이 받기는 했는데 어떻게 수업에 접목해야 할지 고민하고 있다. 이런 교사들을 위해서 쉽게 활용할 수 있는 '멘티미터'를 소개하고자 한다.

멘티미터는 실시간으로 의견을 수집하고 확인할 수 있는 온라인 도구로, 학생들의 적극적인 참여를 유도하고 의견을 쉽게 취합할 수 있어 인기를 끌고 있다. 교사가 원하는 질문을 사전에 입력해 두면 학생들은 휴대전화나 스마트패드로 참여하고 결과가 실시간으로 공유된다. 객관식, 주관식으로 질문하거나 퀴즈로 내는 등 다양한 형식으로 진행할 수 있다. 멘티미터를 마음열기에 활용해서 학생 맞춤형 교육과 디지털 기반 미래 교육에 앞장서기를 바란다.

✦ 사전 준비(2024년 10월 버전)

1. mentimeter.com에 접속한 후 로그인한다.
2. [New Menti]-[Start from scratch]-[Word Cloud] 순으로 선택한다.
3. [Ask your question here…] 빈칸에 주제와 질문을 입력한다.
4. 예시 답변 화면을 선택 후 [Number of responses]에서 학생들이 입력할 수 있는 답변 개수를 설정한다.
5. 오른쪽 상단에 있는 [Share]를 실행하여 접속할 수 있는 QR

코드를 다운로드하거나 링크를 복사한다.

6. [Access code expiration]에서 코드가 활성화되는 기간을 설정한다.

✤ 진행 방식

1. 인터넷 링크 또는 QR 코드를 준비하고 멘티미터에 접속할 수 있도록 한다.

2. 학생들이 질문에 응답하면 결과가 실시간으로 공유되도록 모니터에 보여준다.

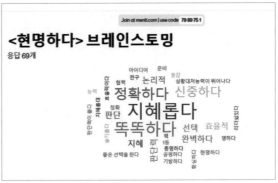

위의 자료는 멘티미터 Word Cloud 유형으로 '〈현명하다〉라고 하면 생각나는 단어 세 가지는 무엇인가요?'라는 사전 질문을 만들었다. '현명'이라는 주제로 에르디아 비경쟁토론 수업 시 떠오르는 단어 3개씩 입력하여 멘티미터로 브레인스토밍을 진행했다. 같은 답변이 많은 경우에 큰 글씨로 표기된 것을 볼 수 있다.

"접착 메모지에 쓰고 이야기를 나누면 몇몇 이야기만 들을 수 있는데 멘티미터에서는 전체 내용을 한 번에 볼 수 있어서 좋아요."

"휴대전화로 내 생각을 입력하니까 퀴즈를 맞히는 것처럼 재미있어요."

멘티미터를 마음열기에 활용하면 학생들의 의견을 실시간으로 공유하여 볼 수 있고 학생들과 상호작용하며 수업 주제를 미리 생각해 보는 디딤돌 역할을 할 수 있다.

대화의 역할을 정하다

에르디아 비경쟁토론에서는 소외되는 학생 없이 모두가 참여하는 토론을 지향한다. 이를 위해서 발언 기회와 의사결정의 권한이 공평하게 주어진다. 누구나 존중받는 대화의 안전지대 속에서 학생들은 적극적으로 활동에 참여하고 의견을 말한다.

모둠원들에게 역할을 주면 본격적으로 토론 활동을 할 때 책임감과 소속감을 느끼고 진지하게 대화를 나눌 수 있다. 이른바 '대화의 역할 정하기'는 모두가 참여하는 토론을 만드는 주춧돌이라고 할 수 있다. 에르디아 비경쟁토론에서 주요 역할의 이름은 '이끎이', '기록이', '알림이', '나눔이', '정돈이', '활동이'라고 지칭한다.

'이끎이'는 모둠 안의 토론을 이끌어가는 리더의 역할이다. 이 역할을 맡은 학생은 모둠원들이 각자 이야기를 잘 나눌 수 있도록 도와주고 대화의 순서를 정하면 된다. 모둠원들이 토론을 원활하게 할 수 있는 촉진자의 역할이다.

'기록이'는 모둠의 대표 질문이나 아이디어를 한눈에 볼 수 있도록 모둠에서 나온 결과를 정리하는 역할이다. 중학교 이상 수업이라면 기록이를 2명을 두어 1명은 토론 중 차트 작성을 담당하고, 다른 1명은 패들렛이나 온라인 툴에 자료나 결과물 사진을 업로드하여 정리하는 역할을 할 수 있다.

'똑딱이'는 모둠원들이 시간이나 규칙을 공평하게 지킬 수 있도록 돕는 역할이다. 에르디아 비경쟁토론에서는 모두에게 공평한 발언 기회를 주는 분위기를 지향하지만 때로 너무 많은 시간을 차지하는 모둠원이 있거나 반대로 너무 짧게 의견을 마무리하는 모둠원이 있으면 적절한 개입이 필요하다. 이럴 때 똑딱이는 제한 시간을 알려 주거나 더 말하도록 유도할 수 있다.

'알림이'는 모둠에서 나누었던 이야기를 전체에 공유하고 발표하는 역할이다. 모둠에서 어떤 대화를 나누었는지 최종 정리하여 전체 공유한다.

'깔끔이'는 원활한 토론 분위기를 위해 준비물 정리, 쓰레기 치우기 등 깨끗하고 창의적인 환경을 만드는 역할이다.

'활동이'는 모둠의 분위기를 이끌고 모둠원들이 잘할 수 있도록 칭찬과 격려하는 역할이다. '힘이 나는 말 한마디', '공감 리액션'을 더하면 모둠의 활기와 분위기를 올릴 수 있다.

일반적으로 학생들에게 누가 어떤 역할을 할지 정하라고 하면 가위바위보를 하거나 "이끔이는 네가 해.", "내가 활동이 할게."라며 어려운 역할은 피하고 쉽고 편한 역할만 하려고 한다. 이렇게 되면 모둠원끼리 역할을 조율하는 데 시간이 오래 걸린다. 여기서는 에르디아 비경쟁토론에서 역할을 정했던 방법 중 흥미롭게 진행할 수 있는 방법 두 가지를 소개하고자 한다.

장점으로 역할 정하기

이창희가 쓴 시에 백창우가 곡을 붙인 〈예쁘지 않은 꽃은 없다〉라는 동요가 있다. 이 노래를 들으면 토론 수업에서 만났던 학생들이 생각나 미소가 절로 난다.

꽃은 참 예쁘다
풀꽃도 예쁘다
이 꽃 저 꽃 저 꽃 이 꽃
예쁘지 않은 꽃은 없다

에르디아 비경쟁토론 수업에서 만난 학생들은 이 노랫말처럼 꽃 같은 예쁜 모습을 지니고 있다. 학생들은 각자 다른 장점, 특징, 개성을 가지고 있다. 목소리가 큰 학생, 글씨를 예쁘게 쓰는 학생, 발표를 잘하는 학생, 또래 친구의 말을 잘 들어주는 학생, 장난꾸러기 같지만 기발하고 창의적인 아이디어가 많은 학생, 모임의 분위기를 이끄는 학생 등 자신만의 매력을 가지고 있다.

이렇게 학생들은 개성도 다양하고 장점도 많이 가지고 있지만 스스로 자신의 장점이 무엇인지 모르는 경우도 있다.

"저는 장점을 잘 모르겠어요."

"저는 장점이 없는데요."

이렇게 말하는 학생들을 만났던 적이 있었는데 장점이 없다기보 다는 표현을 못 하거나 장점 찾기를 어려워하는 경우였다. 이럴 때 교사는 학생들이 자신의 장점을 발견할 수 있도록 장점에 관해 구체 적으로 설명해 주어야 한다.

"장점이란? 좋아하는 것, 잘하는 것, 긍정적인 것입니다!"

"다른 사람과 비교 대상이 아니라 내가 잘하는 것이에요."

또한 성취감을 느꼈던 경험을 발견할 수 있도록 도와주어야 한다.

"다른 사람들에게 들었던 칭찬이나 긍정적인 말이 있나요?"

"나는 언제 뿌듯함을 느꼈나요?"

이 방법은 학생들에게 스스로 자신의 장점을 찾으면서 자존감 을 높일 수 있게 한다. 그리고 모둠원들의 장점을 들으면서 서로의 좋은 점과 강점을 발견하고 칭찬과 응원하는 분위기를 만들 수 있 는 활동이다.

초등 저학년이나 자존감이 떨어지는 학생들은 장점을 찾고 쓰는 것이 어려울 수 있으니 '장점 수식어' 활동지를 활용하여 자신의 장 점을 찾을 수 있게 돕는 것이 좋다. 장점으로 역할 정하기 활동에는 4절지, 포스트잇, 네임펜, 활동지, 라벨지 등이 필요하다.

1. 나를 소개하는 시간으로 "여러분의 장점은 무엇인가요?"라고 질문한다.

2. 자신의 장점을 접착 메모지에 작성하게 한다. 장점을 작성하기 어려워하면 장점 수식어 활동지를 화면에 보여주거나 프린트물을 나누어주어 참고할 수 있도록 한다.

3. 모둠별로 작성된 장점을 소개하고 칭찬받았던 경험, 장점이라고 생각하는 이유를 모둠원과 나눈다.

4. 대화가 끝났다면 모둠원끼리 장점에 맞은 역할을 정한 후 라벨지에 자신의 이름과 장점, 역할을 적어 눈에 잘 띄는 곳에 붙인다.

5. 장점을 나누는 대화가 끝났다면 장점 모음판을 옆 모둠으로 이동한다.

6. 장점 모음판에 적힌 옆 모둠의 장점을 읽어보고, 장점과 어울리는 역할이 무엇인지 의논하여 옆 모둠원의 역할을 정해준다.

7. 다음 페이지의 왼쪽 자료처럼 장점에 맞는 역할을 접착 메모지에 적어 장점 아래에 붙여준다.

8. 장점 모음판을 원래 모둠으로 돌려주고, 모둠원들은 자신의 역할을 확인하고 오른쪽 자료처럼 이름과 역할을 적어 잘 보이는 곳에 붙인다.

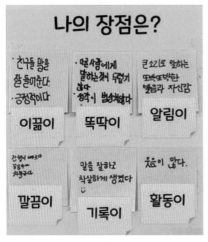

장점을 작성하고 역할 정하기

1학년 1반

김 순 례

이끔이

이름과 역할 라벨지

장점 수식어 활동지

긍정적인	꼼꼼한	생각이 다양한	목소리가 큰	실천을 잘하는
친절한	발표를 잘하는	글씨가 예쁜	규칙을 잘 지키는	끈기 있는
겸손한	상냥한	경청을 잘하는	깔끔한	공감을 잘하는
소신 있는	유머가 있는	신중한	판단이 빠른	분석을 잘하는
협동심이 있는	기억을 잘하는	이해심이 많은	정의로운	열정적인

행정부 수장으로 역할 정하기

'행정부 수장으로 역할 정하기'는 제비뽑기로 우리나라를 이끄는 행정부 조직의 수장이 직접 되어보는 것이다. 행정부 수장의 역할은 대통령, 행정안전부 장관, 법무부 장관, 외교부 장관, 환경부 장관, 문화체육관광부 장관으로 나눌 수 있다. 이렇게 행정부 수장으로 역할을 나누면 서로를 '장관님'으로 호칭하면서 존중하고 예의 있는 토론 분위기를 만들 수 있다.

"이번 토론은 법무부 장관님부터 의견을 나눠주세요."

"환경부 장관님, 모둠 주변을 정리해 주세요."

이처럼 '대통령님'이나 '장관님'이라는 호칭은 학생들에게 높임말과 정중함을 느끼게 한다.

에르디아 비경쟁토론에서 각 부처 수장들의 역할은 다음과 같다. '대통령'은 토론을 진행하고, '행정자치부 장관'은 대화를 기록하며, '법무부 장관'은 진행 시간을 확인한다. '외교부 장관'은 모둠에서 나누었던 대화를 전체 공유하고, '환경부 장관'은 주변을 정리하며, '문화체육관광부' 장관은 모둠의 분위기를 띄우는 역할을 한다.

이 역할 나누기 방법은 어느 정도 행정부에 대한 지식이 있는 고학년 학생들과 성인들의 토론 활동에서 진행하기 좋다.

✚ 진행 방식

1. 모둠별로 종이에 역할을 적은 후 접어서 제비뽑기를 할 수 있도록 준비한다.

2. 모둠원들은 종이를 1장씩 선택한다. 각자 어떤 역할을 뽑았는지 확인한다. 이때 교사는 "대통령을 뽑은 사람 손들어주세요. 대통령은 이끎이입니다."라고 안내한다.

3. 모둠원들이 각 부처 장관을 확인하고 수행해야 할 역할을 안내한다.

4. 수업 중 교사가 도움이 필요하거나 의견을 묻고 싶을 때 각 부처 수장을 불러 의사소통을 할 수 있다.

행정부 수장으로 역할 정하기를 하면 서로 호칭을 부르면서 역할의 자긍심을 가질 수 있다는 장점이 있다. 워크숍에서 처음 만나는 참여자들끼리 서로 어색하거나 이름을 모를 때 '○○○ 장관님'으로 부르면 토론 시간에 활력이 생긴다. 학생들에게 우리나라를 이끄는 행정부의 수장이 되어보는 역할 활동은 흥미로운 경험이 될 것이다.

호기심을 자극하다

"책을 들고 학생들 앞에 서면 학생들의 표정이 굳어요."

"얼굴에는 또 책이야~ 하면서 관심 없는 표정과 딴짓을 하는데 수업 시작하기도 전에 힘이 빠져요."

"학생들이 책에 대한 호기심을 높이는 마음열기가 있을까요?"

교사라면 누구나 수업을 시작할 때 학생들의 마음을 확 잡고 싶다. 학생들의 마음을 움직이는 데는 학습과 탐구의 기본 동력인 호기심 자극이 최고이다. 우리가 새로운 정보를 접할 때 궁금함과 흥미가 있으면 자연스럽게 더 깊이 이해하고자 하는 욕구가 생긴다. 여기에서 소개하는 세 가지 방법은 학생들의 호기심과 집중력을 높여주는 마음열기로 탁월하다.

먼저 '달라진 책 표지를 보고 내용을 예측하기' 활동은 학생들이 책 표지를 세심하게 관찰하고 예측과 상상을 하면서 호기심을 자극하고 수업 흐름에 대한 기대감을 높이며 집중력 향상에 도움을 준다.

'책 표지 보고 찢기 빙고' 활동은 내 생각과 친구의 생각을 예측하고 맞추면서 작은 긴장감을 느끼고 서로가 중요하게 생각하는 지점에 관해 이야기를 나눌 수 있다.

마지막으로 '신문지 마술'과 '성장하는 그림 마술'은 호기심을 자극하는 활동으로 책을 읽기 전에 학생들의 관심과 흥미를 끌어올리는 훌륭한 방법이다. 마술은 불확실성과 놀라움을 통해 호기심을 유발하고 학생들의 긴장을 풀어주는 효과도 있다. 이 두 가지 마술 활동은 시각적인 놀라움을 통해 학생들의 상상력을 자극하고 이야기의 흐름에 대한 기대감을 높이는 데 효과적이다. 마술을 통해 학생들은 자연스럽게 질문을 던지며 서로의 생각을 나눌 수 있다. 간단한 마술 활동으로 수업 내용을 마무리하면 흥미롭게 수업 정리를 할 수 있고 학생들은 마술 도구를 직접 만들었다는 자부심도 느낀다.

달라진 책 표지 보고 내용 예측하기

그림책 중에는 재출간되면서 책 표지가 바뀐 경우가 종종 있다. 그림책의 표지는 그 책의 얼굴로 저자나 편집자가 가장 전달하고 싶은 내용을 담고 있다. 즉, 책 표지는 독자에게 책의 핵심 메시지를 효과적으로 전달하는 역할을 한다. 달라진 책 표지를 보고 이야기를 나누며 에르디아 비경쟁토론의 첫 문을 활짝 열 수 있다.

학생들이 달라진 책 표지를 보고 탐색하다 보면 책 내용을 예측하면서 창의력을 키울 수 있고 그림책에 대한 흥미가 높아진다. 교사는 학생들이 새롭게 디자인된 책 표지를 관찰할 때 그림, 색상, 제목 등을 바탕으로 내용을 추측하도록 유도할 수 있다. 이 과정은 각자의 생각과 상상력을 공유하면서 서로의 의견을 듣는 시간으로 이어진다.

예측한 내용은 책을 읽을 때 기대감을 높이고 이야기의 주제를 탐구하는 데 도움을 준다. 두 권의 책을 실제로 준비해 보여주는 것이 가장 좋지만 어려운 경우에는 인터넷 서점에서 제공하는 책 표지 이미지를 활용할 수 있다.

✥ 진행 방식

1. 제목을 가린 두 권의 책 표지를 보여준다.
2. 두 권의 그림책을 비교해서 발견한 차이점을 접착 메모지에 단어로 적는다.
3. 모둠 안에서 돌아가며 발표한다. 시간이 된다면 나온 단어들을 분류하여 정리한다.
4. 책 표지를 보고 각자 내용을 예측하여 접착 메모지에 단어나 짧은 문장으로 적는다.
5. 모둠 내에서 돌아가며 발표하고 많이 나온 단어는 전체 공유한다.

2006년 초판 표지   2024년 개정판 표지

❤️ 책을 다 읽고 나서 작가와 편집자의 입장이 되어 책 표지를 바꾼 이유
를 생각해 보고 발표하게 한다. 내가 편집자라고 생각하면서 책 표지
디자인을 해보는 시간을 가져도 좋다.

다음 페이지의 자료는 바바라 레이드가 쓴 《터널 밖으로》라는 그
림책의 달라진 표지 보고 내용 예측하기 활동을 한 사례이다.

"2006년도에 나온 책의 표지는 생쥐가 어딘지 알 수 없는 곳에
있고, 2024년도에 나온 책의 표지에는 하늘색이 보이는 구멍이 있
어서 어딘가로 탈출하는 것 같아요. 저는 파란 하늘이 있는 2024년
도 책이 좋아요."

"저는 2006년도 책 표지가 좋아요. 생쥐가 방방 같은 놀이터에
서 놀고 있는 것 같아서요."

"그림책의 표지 그림이 달라서 내용도 다를 줄 알았는데 똑같아서 놀랐어요."

"같은 책인데 딱 봤을 때는 다른 느낌이 나서 신기했어요."

학생들은 책 표지 탐색 활동을 하면서 '이 부분이 왜 다를까?'라는 질문을 스스로 하며 탐구하는 모습을 보였다. 또한 이 탐색 활동은 책 내용에 대한 호기심을 자극하여 학생들은 본인이 예측한 내용이 실제 이야기와 어떻게 연결되는지를 궁금해하며 읽기 활동에 적극적으로 참여했다.

학생들은 자신이 상상한 내용과 다를 경우에는 궁금증을 가지고 질문하기도 했다. 평소에 책 제목만 읽고 넘겼던 학생들은 이 활동에 큰 재미를 느꼈고 다른 그림책을 볼 때도 책 표지를 보고 내용을 예측해 보는 활동을 하겠다고 말했다.

책 표지 보고 찢기 빙고

'찢기 빙고'는 '띠 빙고'라고도 불리며 가로로 긴 8칸 종이를 사용하여 진행하는 빙고 놀이다. 이 활동은 책 표지를 보고 이야기의 주제, 인물, 배경 등을 추측하여 8개의 단어를 적은 후 시작한다.

학생들은 표지에 있는 이미지를 보고 추측한 단어들로 찢기 빙고 칸을 채우면서 책에 대한 흥미와 궁금증을 키울 수 있다. 또한, 본인의 종이에 적힌 단어가 나올 때마다 집중하며 종이를 찢으면서 성취감과 더불어 큰 기쁨을 느끼기도 한다.

✦ 진행 방식

1. 가로로 길게 자른 종이를 반으로 접고, 다시 반으로 접은 후 한 번 더 반으로 접어 펴서 8칸의 네모를 만든다.

2. 그림책 표지를 보면서 책 내용과 관련된 단어를 칸마다 하나 씩 적는다. 8칸을 모두 채우면 잠시 기다린다. (저학년의 경우 화면에 단어 10개를 보여주면 이해를 돕고 참여를 유도할 수 있다.)

3. 학생들이 찢기 빙고를 적을 때 교사도 함께 적는다. 학생들이 단어를 모두 적고 준비가 되면 교사는 빙고 종이 가장 바깥쪽에 있는 단어 하나를 말하며 찢어서 버린다. 이 과정을 반복한다. (초등 고학년 이상은 모둠 내에서 학생들끼리 진행할 수 있다.)

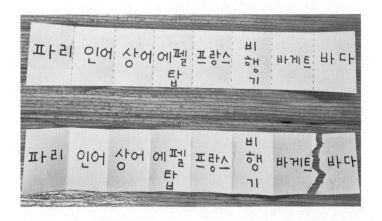

4. 같은 방법으로 가장 바깥쪽에 있는 단어를 말하고 학생들은 같은 단어가 나오면 하나씩 찢어서 버린다. 마지막에 남은 단

어까지 불리면 학생들은 "빙고!"를 외친다.

학생들은 찢기 빙고 활동에 긍정적인 반응을 보였다. "보통 빙고와 다르게 종이를 찢어서 버리니까 왠지 기분이 좋았어요."라고 말하며 새로운 방식의 재미를 강조하기도 했고, "마지막에 빙고를 외칠 때 기분이 최고였어요."라고 말하며 성취감과 즐거움을 표현했다.

신문지 마술

'신문지 마술'은 신문지 2장과 가위, 풀, 색연필만 있으면 언제든지 적용할 수 있는 마음열기 활동이다. 이 활동은 스토리텔링에 따라 5~10분 정도 소요되는데 다음과 같은 효과가 있다.

첫째, 신문지를 활용한 마술은 학생들의 집중을 유도하는 데 효과적이다. 교사의 마술 시연은 학생들의 시선을 사로잡고, 학생들은 집중하며 그 과정에서 교사가 전달하고자 하는 이야기에 몰입한다.

둘째, 학생들의 긍정적인 사고를 키울 수 있다. 예를 들어, 신문지 마술의 마지막 부분에서 "이 상황이 힘들어 보일지라도 긍정적인 마음을 갖고 나에게 응원의 메시지를 보낸다면 더 나은 결과를 이룰 수 있다."라고 말한다. 찢어진 신문지가 아닌 온전한 신문지에 쓰인 나를 위한 응원의 문구를 보여주면 학생들은 희망적인 마음가짐의 중요함을 깨닫게 된다.

셋째, 목표를 명확하게 설정하고 나아갈 수 있도록 용기를 줄 수 있다. 신문지 마술을 할 때 "이러한 역경이 있더라도 네가 목표를 확실히 하고 여기에 적고 실천한다면 넌 그것을 이룰 수 있을 거야."라고 말하면서 목표를 향해 나아가는 과정에서 작은 성공과 실패를 모두 소중히 여기는 태도를 기를 수 있다.

✚ 진행 방식

신문지 마술을 하기 전에 사전 준비가 필요하다. 수업하기 전 다음과 같은 방법으로 미리 준비해 두자.

1. 신문지를 반으로 접는다. 접힌 가운데 부분에 하트를 그린 후 하트 모양을 가위로 오려낸다.

2. 다른 신문지는 자료의 빨간 부분과 같이 양쪽 끝에 1cm 넓이로 풀칠한다.

3. 2번 신문지 위에 1번 신문지를
   올려서 양 끝을 붙인다.

4. 미리 1번 신문지를 길게 4등분
   으로 접어두면 왼쪽으로 접기가
   수월하다.

5. 1번 신문지를 위로 올려서 산 모
   양처럼 만든 후 왼쪽 라인으로 보
   낸다. 1번 신문지를 왼쪽으로 모
   이게 한다. (왼쪽으로 다 접으면 6번
   자료와 같은 모양이 된다.)

6. 접고 나서 앞에서 보면 신문지가 7번과 8번 자료처럼 M자 모양이 된다. (마술을 시연할 때는 9번 자료의 파란색 부분을 찢을 예정)

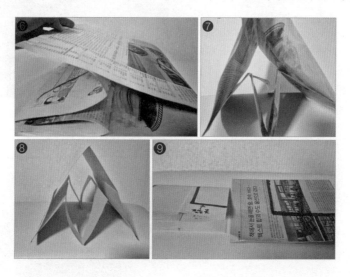

사전 준비가 끝난 신문지를 활용해 다음과 같이 신문지 마술을 진행해 보자.

1. 여러분, 주말 잘 보냈나요? 주말은 너무 짧죠! 저도 그래요. 토요일에 영화를 보고, 일요일에 놀이동산에 가려고 했는데 아무것도 하지 못하고 월요일이 되었

어요. 속상합니다. (신문지가 접혀있지 않은 얇은 쪽을 찢어서 버린다.)

2. 그런데 오늘 학교로 오는 길에 자동차가 지나가면서 물웅덩이에 있던 물이 저에게 튀었어요. 정말 화가 났습니다. (신문지를 좀 더 찢어서 버린다.)

3. 이렇게 찢어진 신문지를 한 번 펴서 보여줄게요. (신문지를 펼치면서) 보세요. 속상한 마음이 울퉁불퉁한 모양으로 보여지고 있지요.

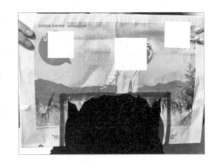

4. (신문지를 돌리면서) 기운 없이 학교에 왔는데 저 멀리서 어떤 학생이 "선생님 안녕하세요!"라고 큰 목소리로 인사를 해 주었어요.

5. 그때 제 마음은 어땠을까
   요? 기분이 좋아지면서
   이렇게 빙글빙글 돌았답
   니다. (신문지를 빙글빙글 돌
   린다.) 그랬더니! (신문지를
   펼 준비를 하며 잠깐 멈춘다)

제 마음이 이렇게 변했어요. 사랑의 하트가 생겼어요.

6. 오늘 함께 볼 그림책의
   주인공도 다양한 감정을
   경험합니다. 그 감정이 어
   떻게 변하는지 함께 살펴
   볼까요? (학생들이 보는 쪽
   에는 자른 하트가 보이고, 교

사 쪽에는 찢어진 부분이 위치한다. 신문지를 펼쳐서 하트 모양을 보여
주기 전에 하트의 위치를 한 번 더 확인한다.)

💜 큰 신문지로 하면 마술 동작이 크게 나와 효과가 크다. 안에 있는 하트
는 크지 않고 진한 색으로 하면 좋다.
오려낸 하트가 크다면 덜 찢어진 신문지가 보인다. 왼쪽으로 모인 신문
지가 찢어지지 않게 해서 넉넉하게 찢는다. 활동 후 찢어진 신문지와
연습한 신문지는 공처럼 만들어서 휴지통에 넣기로 마무리한다.

신문지 마술 활동을 마친 후 학생들은 즐거워했으며 스스로 해 보려는 적극적인 모습을 보였다.

"선생님, 신문지 마술 정말 재미있어요! 처음에 접기가 어려웠는데 연습하니까 잘할 수 있어서 행복해요."

"찢어진 신문지를 접었다가 펼치니까 하트가 나와서 놀랐어요. 내가 직접 만들면서 기분 좋은 말을 적으니까 저도 행복해요. 집에 가서 엄마 아빠한테 보여드릴 거예요."

신문지 마술 활동을 학생들과 진행할 때 초등 저학년은 호응이 높았지만 신문지 접기가 어려워 포기하는 경우가 종종 있다. 접는 방법이 처음에는 어려울 수 있지만 신문지를 왼쪽으로 모아 접고 모인 왼쪽이 아닌 오른쪽을 찢어서 버린다는 점만 기억하면 신문지 마술을 충분히 할 수 있다.

마술은 언제나 연습이 필요하다. 처음에는 신문지 대신 A4 용지로 2~3번 연습해 본 후 본격적인 신문지 마술을 준비하면 훨씬 수월하다.

마술을 시연할 때 사용한 신문지는 찢어진 상태이지만 찢어진 부분부터 시작하면 여러 번 사용할 수 있다. 학생들과 마술 시연 후 시간이 된다면 신문지를 접고 마술을 시연하면서 느꼈던 감정이나 생각을 나누는 시간을 가지면 좋다. 신문지 마술로 서로의 생각을 공유하면 더욱 풍부하고 유익한 시간을 보낼 것이다.

성장하는 그림 마술

"영상 노출이 많은 학생에게 시각적 호기심을 불러 일으키는 마음 열기가 있을까?"

"마음열기 활동이 수업 후 마무리하는 단계까지 이어질 수 있을까?"

교사라면 한 번쯤 이런 고민을 해 본 적 있을 것이다. 학생들의 호기심을 자극하는 수업 전 활동이 수업 후 마무리 활동과 하나의 흐름으로 이어지면 금상첨화이다.

'성장하는 그림 마술'은 2장의 종이를 사용하여 시각적 변화를 통해 학생들의 호기심을 자극하는 효과적인 방법이다. 눈앞에서 새싹이 그려진 종이가 커다란 나무 그림으로 바뀌면 학생들은 호기심과 궁금증을 느낀다. 특히 시각적인 변화는 학생들이 자연스럽게 마음을 열고 수업에 참여하도록 이끈다.

학생들은 성장하는 그림 마술에 필요한 재료를 직접 만들면서 수업에 더욱 집중한다. 그런 이유로 변화와 성장을 주제로 수업을 준비하고 싶을 때 활용하면 좋다. 준비물은 A4 용지 2장과 색연필, 풀만 있으면 된다. 성장하는 그림 마술은 스토리텔링에 따라 3~5분 정도 소요된다.

✤ 진행 방식

성장하는 그림 마술을 하기 전에 사전 준비가 필요하다. 수업하기 전 다음과 같은 방법으로 미리 준비해 두자.

1. A4 용지 1장을 세로로 놓고 아래쪽에 작은 새싹을 그린다. 다른 A4 용지에는 커다란 나무를 그린다.

2. 나무를 그린 종이를 반으로 접고 다시 반으로 접는다.

3. 접어진 쪽 아래에서 3분의 1지점에 연필로 가볍게 표시한다.

4. 종이가 벌려지는 쪽 안쪽으로 1cm 정도에 표시한다. 두 점을 연결하여 자료와 같이 삼각형 모양으로 접는다. 종이를 반대로 돌려서 접힌 부분을 한 번 더 접어준다.

5. 접힌 삼각형이 안으로 들어가게 접는다. 나무를 그린 종이도 같은 방식으로 접는다.

 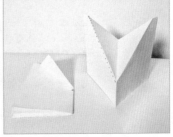

7. 접은 두 종이에 풀칠해서 하나로 만든다.

풀칠 면

사전 준비가 끝난 자료를 활용해 다음과 같이 성장하는 그림 마술을 진행해 보자.

교사 　여러분, 이 작은 새싹이 무럭무럭 자라려면 무엇이 필요할까요? (A4 용지에 미리 그려둔 새싹 그림을 보여주면서 생각할 시간을 준다. 마술 종이를 움직이다가 뒷면의 나무 종이가 보이지 않게 학생들과 각도를 유지해야 한다.)

학생 A 　물이요.

학생 B 　햇빛이요.

교사 　네, 새싹이 쑥쑥 자라려면 따뜻한 햇볕과 시원한 물이 필요해요. 물리적인 요소 말고 우리가 또 무엇을 줄 수 있을까요? (물질적인 것이 아닌 눈에 보이지 않는 다양한 것도 나올 수 있게 유도한다.)

학생 C 　사랑이요.

교사 　(새싹 종이를 접었다가 나무 종이를 잡고 펴면서) 네, 이 작은 새싹이 쑥쑥 자라서 커다란 나무가 되기 위해서는 햇빛과 물과 사랑과 여러분의 관심이 필요해요.

교사 　지금부터 이 새싹을 사랑스러운 눈빛으로 바라봐 주세요. 오~ 눈빛, 좋아요. 여러분의 사랑과 관심을 받은 새싹이 이렇게 커다란 나무가 되었어요! (나무 종이를 펼 때는 동작을 크게 한다.)

학생 D 　어! 새싹이 큰 나무가 되었네요! 어떻게 한 거예요?

학생 E   접었다가 폈는데 나무가 되었네. 신기해요!

교사   새싹이 무럭무럭 자라기 위해서 필요했던 따뜻한 눈빛.
기억하지요? 이 시간에는 우리 모두 따뜻한 눈빛으로
서로를 봐주기로 해요.

💜 얇은 A4 용지보다는 80g 이상 종이를 추천한다. 안에 그린 그림이 비
칠 수 있고 두께감이 있어야 2장의 종이가 하나로 보인다. 단, 160g 이
상의 종이는 접는 부분이 두꺼워서 권장하지 않는다.

새싹이 그려진 종이를 접었을 때 뒤에 있는 종이가 보이지 않게 학생
들과 거리를 둔다.

수업 후 마무리할 때는 수업 시작 전의 내 모습과 앞으로의 다짐을 글
이나 그림으로 표현한다.

저학년은 종이 2장을 하나의 종이처럼 붙이는 작업을 힘들어한다. 살
짝 삐뚤게 붙여졌다면 딱풀은 종이가 붙는 데 시간이 걸리므로 천천히
맞출 수 있도록 응원해 준다.

간혹 종이를 돌려서 반대로 붙인 학생이 있다면 종이를 돌리면서 위치

를 잡도록 요령을 알려준다.

가끔 종이를 가로로 두고 그리는 학생이 있다. 나무가 자란 모습을 보여주기 위해 세로로 그리기를 권장하지만 가로로 그리겠다고 해도 괜찮다. 다만, 종이접기는 세로로 접는 방식이므로 마술 시연을 할 때는 종이를 옆으로 돌려야 한다.

학생들이 마술 시연을 한 후 작은 새싹이 큰 나무가 되기까지의 여정에 관해 생각해 보는 시간을 가지면 더욱 의미가 있다. 이때 어려운 일이 있을 때 어떤 도움을 받을 수 있을지 새싹 종이에 적고, 나무 종이에는 내가 되고 싶은 목표를 이루었을 때 어떤 기분이 들지 글로 표현하면 좋다.

"선생님, 이렇게 접었다 폈을 때 제 생각 주머니도 접혔다가 펴지는 것 같아요. 그리고 자꾸 그리고 싶은 것이 많아져요."

성장하는 그림 마술 활동에 대한 학생들의 만족감은 높았으나 간혹 그림 그리기가 싫다는 학생을 위해서 잎, 꽃, 과일 스티커를 활용하면 좋다.

함께 도전하다

"내향적인 학생들도 어울리며 수업에 참여하게 하고 싶어요."

"수업의 전체적인 에너지를 높이고 모둠원이 함께할 수 있는 마음열기가 필요해요."

에너지가 넘치지만 집중력이 짧은 학생, 자존감이 낮아 모든 활동에 머뭇거리는 학생, 개인 활동은 잘하지만 모둠 활동을 힘들어하는 학생 등 다양한 색깔의 학생들이 공존하는 곳이 교실이다. 개성이 강한 요즘 시대에 타인과 함께 진행하고 도전하며 결과를 도출한다는 것은 교사나 학생 모두에게 어려운 숙제가 되었다.

에르디아 비경쟁토론에서는 상호 협력에 도움이 되는 '함께 도전하는 활동'을 많이 한다. 이 활동을 하면 다음과 같은 긍정적인 효과를 얻을 수 있다.

첫째, 공동체 결속력을 강화한다. 개인의 능력을 넘어 함께 협력하고 의지하는 과정을 통해 본 수업의 협력적인 작업에도 긍정적인 영향을 미친다. 그동안 소극적이어서 소외되었던 학생들도 서로의 강점을 발견하고 부족한 부분을 상호 보완할 수도 있다. 둘째, 창의적 활동의 기초 연습이 된다. 함께하는 마음열기는 기존 틀에서 벗어나 새로운 방식으로 생각하고 접근하므로 본 수업의 창의적 활동의 기초가 될 수 있다. 셋째, 정신적·신체적 활력을 증진한다. 수업 분위기의 전체적인 에너지를 높이고 집중력을 향상해서 이후 활동에 주도적으로 참여할 수 있다. 넷째, 의사소통 기술을 익힐 수 있다. 학생들이 함께 의견을 조율하고 계획을 세우고 실행해야 하므로 어색한 관계도 자연스럽게 소통할 수 있다.

협동 종이컵 쌓기

'협동 종이컵 쌓기'는 종이컵을 탑 모양으로 쌓는 미션을 함께 수행하면서 문제 해결 능력과 협동심을 기르는 데 도움이 되는 활동이다. 낙오되는 학생 없이 균형 있고 즐겁게 모든 학급 구성원을 참여시키고자 할 때, 누구나 만들 수 있는 교구를 이용해 모둠원의 결속력을 높이고 싶을 때, 협력·협동·소통·도전이라는 주제로 수업할 때 적합하다.

✦ 진행 방식

1. 모둠별로 종이컵 6개, 두께 3mm 고무 밴드, 모둠 인원과 같은 개수의 15cm짜리 마 끈을 준비한다.

2. 고무 밴드를 가운데 놓는다. 모둠 인원수와 같은 개수의 마 끈을 일정한 간격을 두면서 한쪽만 매듭을 지어 왼쪽 자료와 같은 모양으로 연결한다.

3. 오른쪽 자료와 같이 종이컵으로 탑 모양 쌓기를 한다. 탑 모양 쌓기를 해보았다면 일렬로 겹쳐 쌓인 형태로 재도전해 본다.

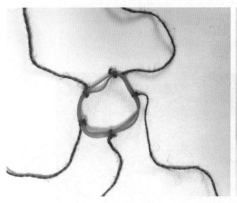 

협동 종이컵 쌓기를 할 때면 학생들은 차근차근하기보다는 빨리 하려는 마음에 서두르는 경향이 있다. 하지만 마음이 급하면 실수가 생겨 정확한 임무를 수행하기 힘든 법이다. 실제 수업에서는 학생들이 임무 수행을 못 하는 이유를 다른 친구에게서 찾으며 여기저기에서 탄성이 나오는 경우가 많았다.

고무줄과 연결된 마 끈의 끝부분을 잡는다.
마 끈을 잡아당기며 힘 조절을 하면서 종이컵에 고무줄을 끼워 옆으로 옮긴다.

종이컵으로 탑 모양 쌓기를 한다. 맨 아랫줄 3개, 두 번째 줄 2개, 맨 윗줄 1개의 종이컵을 쌓으면 아래는 넓고 올라갈수록 좁아지는 형태의 탑 모양으로 쌓을 수 있다.

"어! 어! 빨리! 빨리!"

"왼쪽! 오른쪽! 내려! 내려!"

그럴 때 교사는 분위기를 환기하는 것이 좋다. 마음열기가 진행되는 과정이 협동이라기보다는 어수선한 분위기가 되면 다시 환기한 후 재도전하도록 해야 한다.

"빨리하는 것도 중요하지만 어떻게 하면 협동하면서 종이컵을 옮길 수 있을지 생각해 보세요."

모든 작업이 마무리된 후 학생들이 협동 종이컵 쌓기 활동을 통해 무엇을 깨달았는지 소감을 들어보고 수업의 주제와 연결할 수 있다.

"제 마음대로 옮겨지지도 않고 힘들었는데 친구들과 박자를 맞추면서 하니까 잘 되었어요."

"자꾸 실패해서 당황했는데 재빨리 다시 해봤어요."

처음에는 학생들이 실패의 결과를 타인에게 돌리며 모둠원끼리 합을 맞추는 것을 어려워했다. 하지만 목표를 향해 실패와 도전을 반복하면서 모둠 간의 팀워크를 향상할 수 있었다.

마시멜로 챌린지

'마시멜로 챌린지'는 주어진 재료(마시멜로, 스파게티 건면)를 이용해 가장 높은 구조물을 완성하는 활동이다. 디자인씽킹, 프로젝트 수업, 팀 빌딩 활동 등에서 모둠의 결속력과 창의력을 함께 발산시킬 수 있는 재미있는 방법으로 다양하게 활용되고 있다. 수업에서 식재료를 사용한다는 것이 신선하고, 학생들이 창의적인 발상으로 함께 임무를 수행해야 한다는 점에서 흥미로운 활동이다.

수업 대상에 따라 다양한 형태의 결과물이 나올 수 있으며 우뇌와 좌뇌를 발달시키고 협업의 즐거움을 느낄 수 있다. 긴장감과 집중력을 높여주고 다양한 접근 방식을 시도하며 문제를 해결하는 경험을 쌓을 수 있다는 점에서 반응이 뜨거웠다. 마시멜로 챌린지는 협동, 협력, 창의력, 팀워크 등의 주제 또는 문제 해결 능력을 기르는 데 유익한 활동이다.

✚ 진행 방식

1. 모둠별로 스파게티 건면 20개, 마스킹테이프 1개, 마시멜로 1개를 나눠준다. (단, 상황에 따라 스파게티 건면과 마시멜로의 개수를 가감해서 진행해도 좋다.)
2. 모둠별로 같은 시간을 주어 가장 높은 구조물을 만들도록 한다.
3. 5분 이내의 1차 도전의 기회를 주고 피드백을 통해 문제가 무엇인지 파악한 후 2차 도전의 기회를 주면 문제 해결 능력을 향상하는 데 도움이 된다.

마시멜로 챌린지는 실패를 통해 배우고 새롭게 도전하는 교육적 효과를 얻을 수 있다. 학생들은 빠른 실패를 통해 문제가 무엇인지 발견하고 도전을 반복함으로써 비판적 사고력을 기를 수 있다.

2부

느린 대화로
생각을 열다

감정과 생각을
정리할 수 있는 느린 대화

지하에서 펌프로 식수를 끌어올리기 위해서는 준비가 필요하다. 급하게 서두를수록 펌프 손잡이를 쥐고 있는 두 손이 헛돌아 맑은 물을 얻기 힘들다. 차분히 마음을 가라앉히고 생각대로 작동하지 않는 펌프에 물 한 바가지를 넣어주면 원하는 식수를 손쉽게 얻을 수 있다. 이때 쓰이는 한 바가지의 물이 바로 마중물이다. 어찌 보면 우리가 접하는 독서는 책이라는 깊은 샘에서 나만의 성찰과 지식을 얻기 위한 펌프 과정이라고 볼 수 있다. 하지만 '책 완독'이라는 목적에만 급급해 본인의 생각과 느낌을 갈무리하는 '마중물'을 빼먹는다면 읽고 있는 방대한 지식과 내용에 질리기 마련이다.

인문학자 김종원 작가는 독서가 "마지막 페이지를 만나기 위해서 읽는 것"이 아니라 "중간에 멈출 곳을 찾기 위해서 읽는 것"이라고 말했다. 책을 음미하며 읽다 보면 지은이의 생각과 읽는 이의 마음이 부딪히는 지점이 나오고 질문이 자꾸만 생기는 부분도 나온다.

작품의 내용만 파악하는 독서가 아니라 책을 읽고 난 후 본인의 삶과 연결하는 토론, 그것이 바로 에르디아 비경쟁토론이 추구하는 목표이다. 생각을 열 수 있는 토론의 밑바탕에는 책에 대한 느낌을 나누며 느리게 곱씹어보는 과정인 '느낌 나누기'가 있다.

독서토론의 한 장면으로 들어가 보자.

"이 책을 읽으니까 어땠나요?"

"좋았어요."

"재미없었어요."

"그냥 그랬어요."

"잘 모르겠어요."

책을 읽고 난 후 교사가 이렇게 물어본다면 대개 학생들은 깊이 생각하고 답하지 않는다. 그저 순간적인 감정으로 "좋다" 혹은 "재미없었다"와 같이 단답형으로 대답하거나 침묵하기를 선택한다. 하지만 질문을 좀 더 구체적으로 하면 다른 대답을 들을 수 있다.

"이 책을 읽고 난 뒤 어떤 느낌이 들었나요?"

"이 책을 읽고 난 후 어떤 장면이 마음에 와닿았나요?"

"왜 그 장면이 마음에 가장 남았나요?"

"이 책을 읽고 난 후 들었던 본인의 감정을 느낌 단어에서 찾아보고 표현해 볼까요?"

이처럼 책의 느낌을 구체적으로 물으면 학생들은 작품에 대해 좀 더 생각할 여유를 가질 수 있고 정답이 정해지지 않은 질문을 통해 편한 마음으로 자기 생각을 펼쳐놓을 수 있다.

"이 책을 읽고 난 뒤 어떤 느낌이 들었나요?"

이 질문은 단순해 보지만 작품에 관한 자신의 감정과 생각을 정리할 수 있는 중요한 물음이다. 수영하기 전 준비 운동을 먼저 하듯 깊이 있는 대화를 나누기 위해서는 가볍고 간단한 질문으로 시작할 필요가 있다. 책을 읽고 난 후 아무 준비 단계 없이 곧바로 어렵고 현학적인 물음을 던진다면 누구라도 쉽게 대답하기가 어렵다.

어색한 분위기의 회의도 간단한 안부와 웃음으로 편안해질 수 있듯이 딱딱하고 어려운 책도 간단한 느낌 나누기로 시작하면 깊이 있는 성찰 대화로 연결할 수 있다. 그러므로 에르디아 비경쟁토론에서 느낌 나누기 단계는 독자가 책을 읽고 난 후 기억에 남는 단어 하나, 문장 하나, 장면 속에서의 자신의 느낌과 작품 속의 이야기를 연결하는 과정이다.

느낌 단어나 이미지 카드를 이용해 찾은 감정은 책을 통해 만난 문장과 단어와 어우러져 각자의 생각과 느낌으로 녹아들고 느린 대화를 통해 내면화된다. 이것이 바로 본격 토론 전에 이루어지는 느린 대화가 중요한 이유이다. 책에 관한 자신의 느낌으로 시작하지만 그 감정으로 다른 이들과 소통하고 공감할 수 있다. 조금씩 차오르는 감정들은 느린 대화를 통해 조금씩 숙성되고, 질문으로 이야기를 나누면서 책은 나와 우리네 삶과 자연스레 연결된다. 따라서 생각의 속도를 차분하게 가라앉히고 대화 속에서 다양한 감정과 생각을 찾아가는 느낌 나누기는 에르디아 비경쟁토론의 마중물이다.

여기서는 에르디아 비경쟁토론 현장에서 주로 사용되는 느린 대화의 방법들을 소개하고자 한다.

느낌과 감정으로
시작하다

책을 읽는 활동은 작가가 창조해 낸 하나의 새로운 세계를 만나는 과정이다. 읽고 느끼는 시간 속에서 독자는 인간의 고등 사고 능력을 활용하여 작품을 이해해 나가고 시공간의 제약을 넘어서서 작가의 생각과 마주한다.

작가의 생각을 좇아 책을 읽다 보면 우리 머릿속에서는 다양한 생각과 느낌이 펼쳐진다. 이렇게 확장된 사고 안에서 각자 읽은 내용에 대해 어떤 느낌을 받았는지 공유하는 시간은 이야기 안에서 발견한 저마다의 '나'를 만나는 시간인 동시에 책에 대한 다양한 해석을 가능하게 하는 밑거름이 된다.

독자들은 책을 읽어나가는 과정에서 책 속의 내용을 자유롭게 상상하며 머릿속으로 장면을 떠올리기도 하고, 책 속 배경과 사건을 간접적으로 경험해 보면서 등장인물의 입장이 되어 다양한 감정을 느끼기도 한다. 이때 책에 대한 전체적인 인상이나 느낌, 주인공이나 등장인물의 행동에서 보고 배운 점이나 느낀 점, 이야기의 흐름을 따라가며 느낀 인상들을 다양한 방식으로 이야기를 나누다 보면 책의 내용을 다시 한번 되짚어보는 효과가 있다. 또 느낌과 감정은 정해진 답이 없기에 학생들이 부담 없이 자신의 이야기를 꺼내어 보는 연습이 되기도 한다.

느낌과 감정으로 시작하면 같은 책을 읽고 나서도 읽은 이에 따라 각자 다른 감정 표현을 할 수 있다는 점을 알 수 있다. 이러한 발견은 이후 토의 · 토론 과정에서 서로 다른 관점을 만났을 때 학생들이 각자가 가진 지식과 정보, 경험과 가치관 등에 따라 책의 내용이 다르게 해석될 수 있음을 이해하도록 돕는다. 또 학생들은 자신과 다른 의견도 더욱 존중하고 공감 어린 태도로 수용할 수 있다.

느낌 단어로 표현하기

"이 책을 읽고 어떤 느낌이 들었나요?"

"책 속에서 가장 기억에 남는 장면은 무엇인가요? 그 장면에서 어떤 느낌이 들었나요?"

책을 읽고 난 후 이렇게 느낌을 물으면서 토론을 시작하면 대화를 편안하게 열어갈 수 있다. '느낌 단어로 표현하기'는 각자 책을 읽고 난 후 떠오르는 기분이나 느낌, 감정을 명사, 형용사, 동사의 느낌 단어로 표현하는 활동이다. 이 활동을 통해 책 전체나 가장 인상 깊었던 장면에서 떠오르는 느낌을 구체적인 이유와 함께 표현해 봄으로써 내용을 다시 떠올리고 생각과 소감을 정리해 볼 수 있다.

작품을 읽고 난 후 자신의 감정이나 느낌을 적합한 단어나 말로 표현하는 것은 생각보다 쉽지 않다. 특히 저학년 아동처럼 느낌을 말로 표현하기 힘들어하거나 알맞은 표현을 찾기 어려워하는 경우 느낌 단어를 제시해 주는 것은 감정 표현을 돕기 위한 좋은 방법이다.

학생들은 제시된 느낌 단어에서 적합한 단어를 골라 생각과 느낌을 쉽게 표현할 수 있다. 이처럼 느낌 단어를 제시해 주는 것은 자신의 감정을 들여다보고 알맞은 말로 표현할 수 있도록 생각을 촉진하는 방법이다. 이때 사용하는 느낌 단어 목록은 다양한데 에르디아 비경쟁토론에서는 형용사를 주로 사용한다. 느낌 단어는 카드 형식으로 시중에 판매되는 것을 사용하거나 교사가 표로 만들어 제시해 줄 수도 있다.

구성원 모두 느낌을 표현할 준비가 되었으면 모둠 안에서 순서를 정해 공유한다. 이 과정을 통해 책에 대한 자신의 감정을 살펴보고 미처 발견하지 못한 느낌과 감정을 찾아 사고의 확장을 경험할 수 있다. 이렇게 느낌과 생각을 나누는 과정을 통해 삶에 대한 다양한 의미를 찾고 통찰을 얻는 것은 에르디아 비경쟁토론의 매력이다. 따라서 책을 읽은 후 느낌 단어로 소감을 표현하는 활동은 본격적인 토론에 들어가기 전 책과 참여자들에게 나누는 첫인사이자 대화의 첫 단추를 끼우는 중요한 작업이다.

느낌 단어

감동적인	짜릿한	기운이 나는	설레는	당당한	흐뭇한	자랑스러운
후련한	뿌듯한	고마운	사랑하는	놀란	당황스러운	충만한
벅찬	기대되는	안심되는	기쁜	외로운	홀가분한	고요한
겁나는	조심스러운	귀찮은	편안한	즐거운	재미있는	상쾌한
행복한	흥미로운	반가운	미안한	만족스러운	다정한	불안한
초조한	열정적인	따뜻한	친밀한	몰입하는	친근한	궁금한
걱정스러운	서운한	창피한	난처한	안타까운	슬픈	우울한
여유 있는	지친	암담한	혼란스러운	무기력한	화나는	고민스러운
억울한	답답한	민망한	담담한			

에르디아 비경쟁토론은 전체 참여자 수와 상관없이 보통 4~6명씩 모둠별로 나누어 진행한다. 이 방식은 전체 토론 참여 인원에 제약을 덜 받아 정해진 시간 안에 많은 인원이 참여할 수 있다. 또한 자신의 느낌과 생각을 심리적 안정감을 느끼는 분위기에서 편안하게 표현할 수 있고, 대화의 기회를 많이 가질 수 있다는 장점도 있다. 먼저 모둠 안에서 충분히 공유한 후 발표자를 정해 1~2개 정도 전체 공유하여 다른 모둠의 의견을 다시 듣는 과정 또한 서로의 생각을 좀 더 확장할 수 있다는 이점이 있다.

느낌 단어로 표현하기는 에르디아 비경쟁토론에서 누구나 쉽게 참여할 수 있고 참여자들의 만족도가 좋아 초등 저학년부터 성인까지 토론 현장에서 많이 사용하고 있는 방법이다.

1. 책을 읽고 난 후 어떤 느낌이 떠오르는지 생각하게 한다. 이 때 느낌에는 정답이 없으며 어떠한 것도 좋다고 알려주어 자신이 표현할 수 있는 감정의 범위를 확장할 수 있게 도와준다. 작성 시간을 고려해 1인당 1~2개 정도의 느낌 단어를 고르고 표현하게 한다.

2. 느낌 단어가 생각나지 않는다면 제시된 느낌 단어를 참고하여 표현해 보게 한다. 느낌 단어 목록은 PPT 화면에 띄워주거나 모둠별로 느낌 단어 자료를 나누어준다.

3. 느낌 단어를 고른 후 왜 그런 느낌이 들었는지 이유와 함께 접착 메모지에 구체적으로 표현해 보게 한다. 초등학생의 경우 다음과 같이 형식을 제시해 주는 것도 좋은 방법이다.

Example

이 책을 읽고 어떤 생각과 느낌이 들었나요?

이 책을 읽고 (   ) 느꼈다. 왜냐하면 (   )이기 때문이다.

→ 책 전체에 대한 생각과 느낌 + 이유

내가 가장 인상 깊었던 장면은 (   )이다. 왜냐하면 (   )

이기 때문이다.

→ 가장 인상 깊었던 장면에 대한 생각과 느낌 + 이유

4. 각자 작성한 접착 메모지를 참고하여 모둠별로 발표 순서를 정해 서로 의견을 나눈다. 모둠별로 공유하는 과정에서 다른 참여자의 의견을 듣고 덧붙이고 싶은 것이 생겼다면 접착 메모지에 쓴 것보다 더 보태어 자유롭게 표현할 수 있다고 안내한다.

5. 모둠별 공유를 마친 후 4절 색지에 접착 메모지를 붙이고, 1인당 2~3개 정도의 공감 스티커 투표를 통해 가장 잘 표현한 것 1~2개를 선정하게 한다. 이때 공감 스티커는 다른 참여자의 의견을 잘 읽어본 후 본인의 의견에는 1개만 붙이고, 나머지는 다른 의견에 공감을 표시하도록 안내한다.

6. 모둠별로 선정된 것을 위주로 전체 발표를 통해 공유한다.

다음 페이지의 자료는 느낌 단어를 활용해 책 전체 또는 인상 깊은 장면에서 느낌이나 감정을 표현한 사례이다. 학생들은 각자 책 속에서 인상 깊은 장면이나 등장인물, 사건 등을 자유롭게 선택하며 책을 읽은 소감을 다양한 느낌 단어로 표현해 주었다.

활동 후 "내가 느낀 소감을 느낌 단어로 표현해 봐서 좋았어요.", "다른 친구가 선택한 느낌 단어를 이유와 함께 들어보니 내가 알지 못했던 다양한 장면과 느낌을 떠올릴 수 있었어요.", " 친구들한테 공감 스티커를 받으니 기분 좋았어요."라고 긍정적으로 반응해 주었다.

이처럼 느낌 단어로 표현하기 활동은 책의 내용을 다시 떠올리게 하고 다른 친구와의 공감을 통해 감정과 사고의 확장을 경험하게 하여

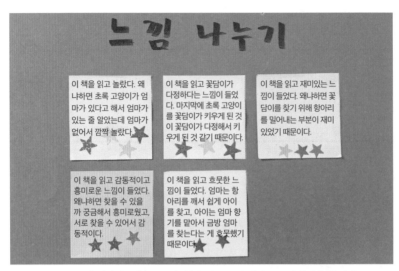

초등 4학년 대상으로 《초록 고양이》를 읽고 느낌 단어로 표현하기를 한 사례

초등 3학년 대상으로 《에드와르도 세상에서 가장 못된 아이》를 읽고
느낌 단어로 표현하기를 한 사례

앞으로 진행될 토론에서 생각을 여는 디딤돌 역할을 한다.

그림과 느낌을 연결하기

'어떻게 하면 학생들과 더 풍성한 이야기가 흐르는 독서토론 시간을 만들 수 있을까?'

'학생들이 책에서 받은 느낌과 감정을 어떻게 하면 자기만의 언어로 다양하게 풀어낼 수 있을까?'

독서토론 수업을 진행하다 보면 자신의 느낌이나 생각을 쉽사리 말로 꺼내지 못하는 학생이나 서로 비슷한 느낌과 감상만 주고받는 학생들을 만날 때가 있다. 이렇게 책에 대한 느낌과 감정 표현이 서툰 학생들을 만났을 때 활용하면 좋은 활동으로 그림이나 사진 카드를 이용하는 '그림과 느낌을 연결하기' 활동(일명 '포토스탠딩' 활동)을 소개한다.

그림과 느낌을 연결하기 활동은 학생들이 책에 대한 감상을 단순하게 '재밌어요', '지루해요'와 같이 단답형으로 표현하는 게 아니라 작품에 대한 느낌이나 감정을 이미지로 새롭게 포착해 내어 평소 생각하지 못했던 부분들도 찾아내도록 도와준다.

그림의 전체 이미지나 부분적 요소를 꼼꼼히 들여다보면 책을 통해 받은 인상이나 느낌이 그림과 서로 연결되는 지점을 발견할 수 있다. 즉, 이미지와 글 내용을 연결하면 강제 연상을 통해 또 하나의 확장된 의미나 자신만의 느낌을 찾게 된다. 이를 통해 학생들은 서로 풍성하게 느낌을 공유할 수 있고, 사고와 관점이 확장되어 이후에 진행될 본격적인 토론을 준비할 수 있게 도와준다.

그림과 느낌을 연결하기 활동을 하기에 가장 적당한 인원수는 4~6명 정도이다. 참여 인원이 10명 내외라면 각자 느낌을 작성하고 나서 전체적으로 이야기를 나누는 방식도 가능하다. 대상은 초등 3학년 이상에게 적용하는 것이 좋다. 이 활동을 처음 적용할 때는 교사가 몇 가지 작성 예시를 준비하여 제시해 주는 것이 효과적이다. 예시글을 참고하면 초등학생들도 쉽게 이해하고 활동에 참여할 수 있다.

그림과 느낌을 연결하기 활동은 정해진 책이나 텍스트를 먼저 읽고 나서 진행한다. 그림책의 경우라면 수업 중 같이 소리 내 읽고 진행하는 것을 추천한다. 교사나 친구의 낭독이 이루어지면 토론 참여자들은 더 몰입하여 듣는다. 글밥이 많은 책은 사전에 읽어오도록 안내하거나 수업 중 읽을 시간을 충분히 부여해 준다. 접착 메모지, 네임펜, 그림이나 사진 카드가 필요하다.

❖ **진행 방식**

1. 모둠 책상 위에 준비해 둔 그림 카드(10장 내외)를 펼치고 자세히 살펴본다.
2. 책 읽은 후 자신의 느낌과 인상을 가장 잘 표현해 주는 그림 카드를 각자 1장씩 선택한다. 이때 교사는 이야기의 전체적인

느낌, 주인공이나 등장인물의 태도에 대한 느낌, 이야기의 배경이나 사건의 흐름을 살펴보고 들었던 느낌 등 책에 대한 어떠한 감정이든 표현할 수 있다고 안내한다.

3. 접착 메모지에 굵은 펜을 사용하여 책에서 받은 느낌을 작성한다. 책을 읽고 왜 그런 느낌이 들었는지, 이 그림 카드를 고르게 된 이유는 무엇인지 함께 적고 표현하면 더욱 좋다.

4. 모둠원끼리 공유한다. 느낌 작성이 끝나고 나면 학생들은 선택한 그림 카드 뒷면에 작성한 접착 메모지를 붙인다. 1명씩 접착 메모지에 자신이 적은 내용을 보면서 모둠원에게 느낌을 발표한다.

5. 모둠 공유가 끝나면 모둠원 중 1~2명을 추천한 후 앞으로 나와서 발표해 보게 한다.

♥ 학생이 느낌을 작성할 때 자신의 느낌을 충분히 돌아보며 선택할 수 있도록 잔잔한 음악을 들려주거나 시간을 여유 있게 두고 그림 카드를 선택하게 하면 더욱 좋다.

교사는 학생들에게 발표가 끝나면 박수와 함께 고개를 끄덕이는 등 공감 반응을 하거나 발표를 들으면서 궁금한 내용은 추가 질문도 할 수 있다고 제시한다.

전체 발표 시간에는 학생들이 발표자를 바라보도록 안내하고 이야기를 귀 기울여 듣도록 독려한다.

저는 걱정이 마치 이 그림의 실뭉치와 같다고 생각해 이 그림을 골랐습니다. 걱정 상자가 처음엔 많이 있어 실뭉치처럼 커 보이지만 걱정 상자를 날릴수록 실타래가 쉽게 풀어지는 것처럼 점점 그 크기가 작아진다고 생각했기 때문입니다.

돈을 저금통에 하나씩 넣는 것처럼 내 걱정을 상자에 담는다는 것이 인상 깊었다. 또한 나의 걱정 상자는 몇 개일지, 어떤 크기일지 궁금해졌다. 지금까지의 내 걱정을 돌아보게 만드는 책이었다. 나만의 걱정 상자를 없애는 방법을 고민해 봐야겠다.

그림카드와 같이 책에서 고민, 걱정을 없애는 방법을 알려 주고 찾아가는 느낌이 들었다. (소중한 것을 찾는-걱정을 덜 수 있는 방법을 찾는-느낌 같다.)

중학생 대상으로 《걱정 상자》를 읽고 그림 카드와 느낌을 연결한 사례

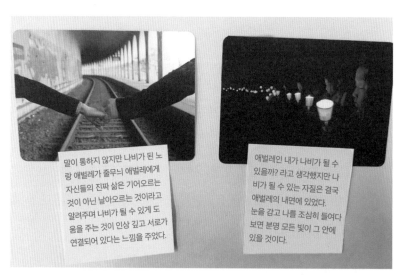

말이 통하지 않지만 나비가 된 노랑 애벌레가 줄무늬 애벌레에게 자신들의 진짜 삶은 기어오르는 것이 아닌 날아오르는 것이라고 알려주며 나비가 될 수 있게 도움을 주는 것이 인상 깊고 서로가 연결되어 있다는 느낌을 주었다.

애벌레인 내가 나비가 될 수 있을까? 라고 생각했지만 나비가 될 수 있는 자질은 결국 애벌레의 내면에 있었다. 눈을 감고 나를 조심히 들여다보면 분명 모든 빛이 그 안에 있을 것이다.

중학생 대상으로 《꽃들에게 희망을》을 읽고 사진 카드와 느낌을 연결한 사례

앞 페이지의 자료는 그림책과 동화를 각각 읽고 나서 학생들이 실제로 그림이나 사진 자료를 활용하여 느낌을 표현한 사례이다. 에르디아 비경쟁토론 수업에서 그림 카드를 이용했을 때 학생들이 글과 그림을 연결하면서 훨씬 다양한 각도에서 책을 음미하고 느낌과 감정을 풍부하게 표현하는 모습을 발견할 수 있었다.

학생들과 이 활동을 하고 난 뒤 소감을 들어봤을 때 다양한 반응이 나왔다.

"그림과 느낌을 연결하니 다양한 관점에서 서로 느낌을 들어볼 수 있어서 좋았어요."

"사람마다 느끼는 게 이렇게 다를 줄 몰랐어요"

그림과 느낌을 연결하기는 에르디아 비경쟁토론에서 주로 문학 작품을 읽고 느낌과 감정으로 대화를 열 때 활용하는 활동이다.

기억에 남거나 인상 깊은 장면 그리기

"이 책을 읽고 어떤 느낌이 들었나요?"라는 질문은 종종 답하기 어려울 수가 있다. 감정의 폭이 넓고 구체적이지 않아 우리를 주저하게 만들기 때문이다. 이런 경우 "혹시 기억에 남거나 인상 깊은 장면이 있나요?"와 같은 구체적인 질문이 효과적이다. 이는 대답하기 쉬울 뿐만 아니라 독자의 개인적 경험과 책의 내용을 연결 지어 더 깊이 있는 대화를 끌어낼 수 있기 때문이다.

독서는 단순히 책장을 넘기는 것 이상의 의미를 지니고 있다. 책을 읽으면서 인상 깊은 장면에 주목하고 되새기는 과정은 독서의 가치를 더욱 높여주는 중요한 요소이다. 이는 단순한 정보 습득을 넘어 깊이 있는 이해와 통찰로 이어지게 한다.

특히 기억에 남는 장면을 기록하고 곱씹어보는 것은 여러 가지 장점이 있다. 책의 핵심 메시지를 더욱 선명하게 파악할 수 있고, 책의 내용을 쉽게 떠올리게 하여 내용을 오래 기억할 수 있게 도와준다. 기억에 남거나 인상 깊은 장면 그리기 활동은 모든 연령대에서 각자의 독서 수준에 맞게 활용할 수 있다.

기억에 남는 또는 인상 깊은 장면은 각자의 방식으로 자유롭게 그림으로 그려보는 것이 좋다. 왜냐하면 그림은 글보다 더 폭넓은 표현이 가능하기 때문이다. 그러나 그림 그리기를 어려워하는 경우 글로 표현하는 것도 좋은 방법이다. 각자 또는 5~6명의 소그룹으로 진행할 수 있으며 참여 인원에 제한은 없다.

책에서 단 하나의 장면이나 구절이라도 깊이 있게 이해하고 내면화한다면 그것은 성공적인 독서라고 할 수 있다. 이러한 접근법은 단순한 읽기를 넘어 독서에 대한 새로운 의미를 부여하고 더욱 풍부한 경험을 제공하는 소중한 과정이다.

✤ 진행 방식

1. 책을 읽고 각자의 생각대로 기억에 남는 장면을 떠올릴 수 있도록 하기 위해 내용을 빠르게 리뷰하거나 퀴즈 방식으로 내

용을 상기하는 시간을 갖는다.

2. 인상 깊은 장면을 표현하는 방법은 모둠원이 모두 함께 큰 종이에 인상 깊은 장면 그리기, 각자 주어진 종이에 인상 깊은 장면 그리기, 책 속의 그림을 인쇄해서 인상 깊은 장면 고르기가 있다.

인상 깊은 장면을 모둠원이 함께 그린 그림   인상 깊은 장면을 각자 주어진 종이에 그린 그림

♥ 고학년 학생들은 저학년과 다르게 그림을 못 그린다는 이유로 그림으로 표현하기를 어려워하는 경우가 많다. 그림의 완성도는 신경 쓰지 않도록 안내하고, 본인의 스타일대로 표현하게 한 후 그림에 대한 설명과 이유를 덧붙이게 한다면 수월하게 진행할 수 있다.

위의 자료는 초등학교에 갓 입학한 1학년 학생들의 활동으로 아직 글을 쓸 줄 모르는 학생이 많아서 그림 그리기만으로 진행했다. 각자의 느낌은 그림 설명과 함께 말로 표현하게 했다. 왼쪽 자료는 큰 종이에 모둠원 전체가 함께 그림을 그리면서 각자 그림에 대한 내용을 이야기하며 즐겁게 활동한 사례이다. 오른쪽 자료는 각자 주어진 종이에 기억에 남는 장면을 그림으로 표현한 사례이다.

학생들이 그림을 그리면서 저마다의 생각을 표현하느라 생기는 소란스러운 분위기는 귀엽게 받아주어야 한다. 저학년 학생들은 그림 그리기를 좋아하기 때문에 글로 표현하기보다 그림으로 표현하기를 더 선호한다. 각자의 그림을 이유와 함께 친구들과 공유하는 과정에서 서로의 생각이 다를 수도 있다는 것을 자연스럽게 경험한다.

다음 페이지의 위쪽 자료는 초등 3학년 학생들과 한 수업으로, 미리 책 속 장면들을 프린트해서 모둠별로 나눠주었다. 학생들은 주어진 그림 중에 마음에 드는 것을 고르고 이유와 함께 공유했다. 이 활동은 한 모둠에 10여 명의 인원이 10개의 모둠으로 이루어진 학년 전체 대토론으로 강당에서 진행되었고, 내용 공유는 모둠 안에서만 하는 것으로 이루어졌다. 이와 같은 방법은 인원이 많아 시간이 부족한 경우에 사용하면 빠르게 진행할 수 있다.

앞 페이지의 아래쪽 자료는 초등 6학년과 함께한 수업으로 그림 그리기를 어려워하는 학생들이 많아서 인상 깊은 장면을 글로 표현하게 했다. 이때 왜 그 장면이 인상 깊게 다가왔는지 이유도 함께 작성하게 하는 것이 중요하다. 고학년 학생들에게 이유와 함께 글로 표현하게 했더니 좀 더 깊이 있는 생각을 나눌 수 있었다.

인쇄된 그림을 활용해 《조랑말과 나》를 읽고 난 느낌을 표현한 사례

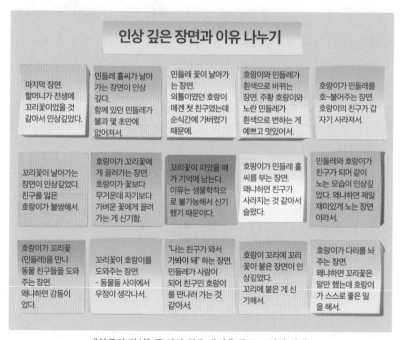

《친구의 전설》 중 인상 깊은 장면을 글로 표현한 사례

이렇게 책 속 인상 깊은 장면을 그림으로 그리거나 글로 표현하는 활동은 각자가 내용을 되새기며 생각을 정리할 수 있는 귀중한 시간을 제공한다. 이 과정에서 학생들은 같은 책을 읽고도 인상 깊은 내용 또는 기억에 남는 장면을 각기 다르게 해석하고 표현한다는 점을 발견한다. 심지어 같은 장면을 선택했더라도 그 이유를 들어보면 개개인의 관점이 얼마나 다양한지 알 수 있다.

이러한 활동을 통해 학생들은 책의 내용에 관해 미처 생각하지 못했던 부분들을 새롭게 발견하고 다양한 시각으로 작품을 바라보는 경험을 할 수 있다. 인상 깊은 장면 또는 기억에 남는 장면을 표현해 보는 활동은 개인의 독특한 해석과 관점을 공유함으로써 더 풍부하고 깊이 있는 학습 경험을 제공한다. 이는 단순히 책의 내용을 이해하는 것을 넘어 타인의 시각을 통해 사고를 확장하고 비판적 사고 능력을 키우는 데 도움이 된다.

이처럼 기억에 남거나 인상 깊은 장면 그리기 활동은 독서의 깊이를 더하고 학생들 간의 소통을 촉진하며 궁극적으로는 더 넓은 시야와 풍부한 통찰력을 얻을 수 있는 방법이다.

경험과 생각을 꺼내다

최재천 교수는 진지한 대화의 기술을 설명한《숙론》에서 중요한 질문을 할 때 바로 들이대지 말고 단순하고 편안하게 대답할 수 있는 질문을 먼저 주라고 설명한다. 앞으로 나눌 중요한 대화 전에 생각하고 준비할 수 있는 시간을 주라는 의미이다.

보통 학생들이 편안하게 대답하고 공감할 수 있는 질문은 본인의 경험과 생각이 관련된 일이다. '이 책이 사람들에게 무슨 평가를 받고 있는지'보다는 '당신은 이 책을 어떻게 생각하나요?'라는 생각 질문이 책을 향한 마음의 거리를 줄일 수 있다.

따라서 책을 읽고 난 후 곧바로 책 내용으로 들어가기보다는 작품을 본인의 관점에서 생각하고 경험으로 대입시키는 준비 단계를 거치면 뒤에 이어질 대화가 좀 더 촘촘하고 깊이가 생긴다. 전문가의 판단으로 이루어진 책의 평가보다는 본인의 관점으로 작품의 의미를 되새기고 핵심 단어로 작품의 주제를 파악하여 공유하면 내용만 파악하는 단순한 독서토론이 아니라 삶의 가치와 연결 짓는 대화의 밑바탕이 만들어진다.

독서 평점(1~5)으로 생각 정리하기

베스트셀러는 어떤 기간에 가장 많이 팔린 도서를 지칭한다. 하지만 책을 좋아하는 사람들이라면 한 번쯤 경험했듯이 모두의 베스트셀러가 꼭 본인의 베스트셀러가 되지 않는다. 사람마다 작품을 선정하는 기준과 취향이 다르기 때문이다. 독서토론을 하기 전에 본인의 생각을 분석할 수 있는 활동이 있으면 다른 사람의 평가에 좌우되지 않고 나만의 의견을 정리하기에 편리하다. 독서 수업에서는 학생들이 생각과 느낌을 잘 갈무리할 수 있도록 다양한 방법이 쓰인다.

그중 '독서 평점 내리기'는 책에 관한 생각과 느낌을 숫자로 표현하는 방법으로, 1점부터 5점까지 본인의 점수를 매기는 활동이다. 책에 대해 좋은 느낌을 많이 받았다면 5점에 가깝게, 아쉬운 점이 많았다면 1점에 가깝게 평점을 내리면 된다.

작품의 문학성, 줄거리, 구성, 문체 등과 같은 객관적인 정보도 점수를 매길 때 고려 대상이지만 독서 평점 내리기에서 가장 중요한 기준은 독자로서 느끼는 개인적인 생각과 감상이다. 그래서 학생들은 같은 작품을 읽고도 얼마든지 다양한 평점을 내릴 수 있다.

이 방법은 초등 저학년부터 성인까지 다양한 연령에서 사용할 수 있다. 초등 저학년의 경우 1점부터 5점까지 점수를 매기기보다 '별 모양 5개'의 그림 활동지에 색칠하게 하면 더 좋은 반응을 얻을 수 있다. 모둠으로 진행할 때 5~6명 정도가 적당하고, 접착 메모지와 네임펜만 준비하면 된다.

학생들은 독서 평점을 내린 후 본인만의 평가 이유를 덧붙이는 과정을 통해 다양한 생각을 나눌 수 있다. 책에 관한 짧은 감상과 느낌을 표현해도 좋고, 작품 속에서 발견한 인상적인 점과 아쉬웠던 점을 구체적으로 분석해서 적어도 된다. 이때 교사가 가장 신경 써야 할 부분은 모든 학생이 자유롭게 독서 평점을 나눌 수 있도록 환경을 조성해야 한다는 점이다. 에르디아 비경쟁토론에서 '모든 의견은 소중하다'라고 여기는 안전지대를 만드는 것이 중요하기 때문이다.

간혹 독서토론 수업을 할 때 책을 다 읽지 못한 학생들이 있으면 이 활동을 진행하기가 어려운 경우도 생긴다. 그때는 "혹시 책을 다 읽지 못했다면 책 소개 내용을 보고 기대 평점을 어떻게 주고 싶나요?"라는 질문을 던지면 책을 읽지 못한 학생들도 같이 활동할 수 있다.

독서 평점 내리기는 어느 단계에서 진행되느냐에 따라 두 가지 방식으로 응용할 수 있다. 교사가 본격적인 대화를 나누기 전에 이 활동을 진행하면 학생들은 책에 대한 첫 감상을 정리하며 풍부한 대화를 나눌 수 있는 생각의 씨앗을 키울 수 있다. 토론을 마무리한 후 이 활동을 진행하면 함께 나누었던 대화와 책에 대한 감상을 토대로 간단한 서평 쓰기로 이어질 수 있다. 교사는 수업 상황에 맞게 적절하게 활용하면 되는 데 기본적인 진행 방법은 다음과 같다.

✛ 진행 방식

1. 책을 읽고 난 후 작품에 관한 생각과 느낌을 정리해 본다.
2. 접착 메모지에 평점을 적고 이유를 함께 작성한다.
3. 모둠별로 이야기를 나눈다.
4. 전체 발표하거나 모둠별로 1~2명씩 발표하게 하여 전체 공유한다.

마지막 활동으로 독서 평점 내리기를 이용하고 싶으면 모든 대화를 나눈 후 독서 평점과 더불어 좋았던 점, 아쉬운 점과 추천하고 싶은 대상이 적힌 활동지를 미리 준비하고 15~20분 정도의 서평 작성 시간을 주면 된다.

다음 페이지의 자료는 실제 수업에서 안도현 작가가 쓴 《연어》로 독서 평점 내리기 활동을 한 사례이다. 대부분 학생이 2.7~5점까지 다양한 평점을 매겼다. 높은 점수를 준 학생들은 "머나먼 모천으로 회귀하는 연어 떼의 모습에서 인생, 삶, 도전에 관한 다양한 의미를 느낄 수 있어 좋았다."라고 말했고, 낮은 점수를 준 학생들은 "일방적인 선생님의 교훈적인 내용을 듣는 것 같아 불편했다."라고 말했다.

독서 평점 내리기 활동에서 읽은 책에 관한 비판적인 생각이든 호의적인 관점이든 혹은 단순한 느낌이든 학생들의 모든 생각은 자유롭게 대화를 나누기 위한 디딤돌이 된다. 이렇게 열린 마음으로 책

책 평가

평점 4점

처음 오디오북으로 들으며 종이 글자가 아닌 자연 풍경을 보면서 이 책을 읽었다. 그래서 아름답게 느껴졌다. 하지만 내가 느낀 배경만으로 이 책에 5점을 주는 것은 오만인 것 같아 4점으로 했다.

평점 5점

연어가 강물을 올라가려면 많은 시련을 겪어야 한다는 것을 깨닫게 해주어서.

평점 4.5점

짧지만 삶(인생) 전반을 살아가면서 우리가 겪게 될 많은 선택, 도전, 실패, 희망에 대한 이야기를 나눌 수 있는 책.

평점: 4.5점

소설의 의미가 '어려운 길을 가도 괜찮다'라는 생각이 들었다. 그러면 좋겠지만 역시 나는 편한 게 좋아서 점수를 조금 뺐다.

평점 2.7점

일방적으로 내가 이야기를 듣는 것 같았다.
(라디오 또는 선생님 같은 책)

키워드: 보호, 역설

평점 4점

연어가 삶의 시련인 폭포를 넘어가는 과정을 통해 진정한 삶의 의미를 생각할 수 있어서.

키워드: 내 미래의 방향과 의미

평점 4.5점

연어를 통해 삶의 이유, 희망, 도전, 사랑의 마음을 잔잔히 곱씹어볼 수 있어서.

평점: 4.5점

인생이란 무엇인가? 고민하게 해줌.
짧은 동화라 흐름 속 서사가 부족한 느낌. 좀 긴 이야기가 기대되는 책.

평점: 4점

책을 읽을 때 그 인물에 이입을 해서 읽는 것을 좋아하는데 개인적으로 이번 책은 이입이 힘들었다. 하지만 나의 가치관과 맞는 교훈을 얻어서 4점을 주었다.

⋂ 중고등학생을 대상으로 《연어》에 관련된 대화를 나누기 전 활용한 독서 평점 내리기 활동

○○○○년 _____ 독서토론 5차시 수업(15분 서평 쓰기)					
날짜		학번		이름	
책 소개					
이 책에 대한 나의 독서 평점은?(/5점)					
1. 좋았던 점(나에게 다가온 이 책의 느낌이나 의미)					
2. 아쉬웠던 점					
3. 이 책을 추천하고 싶은 대상					
4. 이 책으로 에르디아 비경쟁토론을 하며 배운 점, 느낀 점, 실천할 점					

⊃ 고등학생을 대상으로 책을 읽고 5차시 비경쟁토론을 진행한 후 마무리 작업으로 사용한 독서 평점 내리기 활동 양식

에 관한 평점과 이유를 듣다 보면 학생들은 자연스럽게 생각이 확장되는 경험을 할 수 있다.

핵심 단어 찾기

"어떻게 하면 학생들이 작품 속 의미를 자기 경험과 생각으로 표현할 수 있을까?"

"학생들이 작품을 해석하고 판단하여 더 깊은 의미를 발견할 수 있도록 도울 방법은 무엇이 있을까?"

청소년들과 비경쟁 독서토론을 진행하다 보면 간혹 참여자들이 책을 읽고 나서도 이 책이 도대체 무슨 이야기를 하고 있는지, 우리에게 던지는 메시지는 무엇인지, 작가가 말하고자 하는 의도나 주제가 무엇인지를 제대로 파악하지 못하는 경우가 종종 있다. 이러한 독서 상황에서 도움이 되는 활동으로 자기 경험과 생각을 꺼내어 글의 핵심을 포착해 내는 '핵심 단어 찾기' 활동을 해 볼 수 있다.

책을 읽고 나서 핵심 단어를 발견하는 것은 작품이 주는 의미, 메시지, 교훈, 시사점 등을 발견하는 일이다. 따라서 이 활동은 읽기 과정을 통해 자기 경험과 생각을 토대로 작품을 해석하여 핵심 단어로 나타냄으로써 본인의 관점을 명확히 표현할 수 있다. 또한 자신의 관점과 다른 새로운 핵심 단어를 발견하면서 타인의 의견을 인정하고 수용하는 태도를 기르는 데 탁월한 활동이다.

핵심 단어 찾기는 보통 4~6명 정도로 구성된 모둠에서 활동하기에 좋은 방법이다. 참여 인원이 적은 경우(15명 이하) 모둠을 따로 만들지 않고 전체적으로 진행하기도 한다. 보통 초등 고학년 이상에게 적용했을 때 효과적이다. 이 활동은 책을 다 읽고 나서 느낌을 먼저 공유한 후에 진행하면 좋다. 준비물로는 접착 메모지와 네임펜이 필요하다.

✦ 진행 방식

1. 책을 읽고 나서 각자에게 가장 와닿는 의미는 무엇인지 생각해 본다. 이때 교사는 학생들에게 "책을 읽고 나서 나에게 가장 의미 있는 장면이나 구절은 무엇인가요?", "이 작품에 대해 하나의 핵심 단어로 표현한다면 무엇이라고 표현하고 싶나요?"라는 질문 등을 활용하여 활동을 안내하면 좋다.

2. 각자 자신이 발견한 핵심 단어를 접착 메모지에 적는다. 이때, 하나의 단어만 적는 게 아니라 떠오르는 다른 핵심 단어를 추가로 적어도 무방하다. 교사는 다양한 관점을 열어두고 표현할 수 있도록 안내한다.

3. 모둠끼리 1명씩 돌아가면서 자신이 발견한 핵심 단어를 공유한다. 이때, 비슷한 의미의 핵심 단어를 적은 학생은 이어서 자신의 견해를 발표하면 자연스럽게 핵심 단어를 유목화할 수 있다. 유목화한 후에는 공통된 주제어로 나타내면 더욱 명료하게 작품의 주제나 메시지를 가늠해 볼 수 있다.

4. 모둠 공유가 모두 끝나면 가장 공감을 많이 받았거나 새로운 관점으로 의미를 발견해 준 사례를 추천하여 전체 앞에서 발표한다. 혹은 모둠에서 나온 핵심 단어로 유목화한 결과물을 전체 학생들과 공유해 볼 수도 있다.

♥ 책 속에서 다양한 키워드를 찾은 후 빙고 게임 형식으로 공유하면 학생들끼리 더 즐겁게 소통하며 작품의 내용과 의미들을 공유할 수 있다. 준비물은 빙고 게임 활동지와 네임펜이 필요하다.

✛ 키워드 빙고 게임 진행 방식

1. 책을 읽은 후 떠오르는 핵심 단어(인물 이름, 사건, 배경, 핵심 단어 등)를 찾아본다.

2. 빙고 게임 활동지(3×3, 4×4, 5×5판 등 책 분량과 시간 고려)에 각자 찾은 핵심 단어를 빈칸에 적는다. 혼자서 핵심 단어를 발견하기 어려운 경우, 교사는 학생들이 이야기하는 단어를 칠판에 적어주고 이를 참고하여 적거나 모둠별로 하나의 빙고 게임 활동지에 같이 찾아 적어도 된다.

3. 작성이 끝나면 교사는 모둠별 발표 순서를 정해주고 한 사람씩 핵심 단어를 말한다. 이때, 단어가 책에서 어떤 의미인지 함께 이야기하도록 안내하면 전체 학생들이 작품을 더욱 구체적으로 이해하는 데 도움이 된다.

4. "빙고!"를 외칠 때까지 모둠별로 1명씩 번갈아 가면서 발표를 진행한

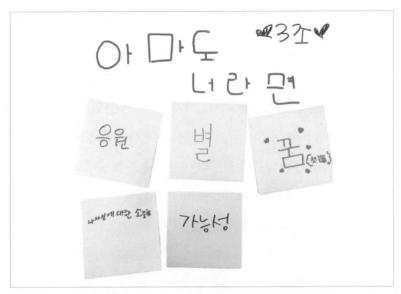

중학생 대상으로 《아마도 녀라면》을 읽고 핵심 단어 찾기를 한 사례

성인 대상으로 《놀이의 반란》을 읽고 핵심 단어 찾기를 한 사례

다. 빙고를 외친 후 남은 인원끼리 추가로 활동을 진행할 수도 있다.

앞 페이지의 위쪽 자료는 그림책을 읽고 중학생들이 핵심 단어를 찾은 결과물이며, 아래쪽 자료는 비문학 도서를 읽고 난 후 성인 토론자들의 마음속 여운이 남았던 해석과 견해이다. 중학생들은 서로 다른 핵심 단어를 발견한 친구의 이야기를 통해 공감하기도 하고, 새로운 해석에 놀라워하기도 했다. 또 같은 핵심 단어를 찾았더라도 각자 다른 의미와 해석이 나올 수 있다는 점을 자연스럽게 발견했다. 책 속에 나오는 직접적인 단어를 활용하기도 하고 비유적인 단어를 쓰면서 그 속에 담긴 의미를 표현했다.

핵심 단어 찾기는 '생각의 창'이라고도 할 수 있다. 내 생각을 비추어주는 창, 다른 생각들을 엿볼 수 있는 창이기도 하다. 각자 바라보는 시야와 각도에 따라 수많은 관점이 프리즘처럼 펼쳐진다. 책이라는 매개체를 통해 독자는 이러한 관점들을 쌓아가면서 사고를 확장한다. 핵심 단어 찾기는 관점의 명료화를 돕고 생각과 경험을 열어가기에 매우 유의미한 활동이다.

이야기를 떠올리다

    책을 읽고 난 후 그 이야기를 다시 한번 마음속에서 새기는 것은 독서의 과정에서 놓치지 말아야 할 중요한 단계이다. 이는 단순히 줄거리를 기억하는 것을 넘어 책이 우리에게 남긴 감동과 깨달음을 더욱 깊이 있게 이해하고 내면화하는 과정이기 때문이다.

    우리의 독서 여정은 책을 덮는 순간 끝나는 것이 아니다. 오히려 그때부터 책의 내용과 우리의 삶을 연결하는 진정한 의미의 독서가 시작된다고 할 수 있다. 이 과정에서 우리는 책의 내용을 다양한 방식으로 되새기며 그 속에서 새로운 의미를 발견하고 생각을 확장해 나갈 수 있다.

    이야기 떠올리기의 과정은 책의 내용을 더 오래 더 깊게 기억할 수 있게 해 줄 뿐만 아니라 우리의 비판적 사고력과 창의성을 키우는 데도 많은 도움이 된다. 또한 이는 다음 독서를 위한 밑거름이 되어 우리의 독서 경험을 더욱 풍성하게 만들어줄 것이다.

이야기 떠올리기에는 이해를 돕는 몇 가지 유용한 활동이 있다. 공감 구절과 의문 구절을 찾는 '끄덕끄덕 갸웃갸웃 구절 찾기'와 책의 내용을 더욱 생생하게 기억할 수 있도록 돕는 '책 장면으로 내용 살펴보기', 목차 퀴즈, 줄거리 자료 읽기 등을 이용한 '텍스트로 이야기 떠올리기'이다.

이러한 활동을 활용하여 책의 내용을 떠올리는 것은 단순히 기억력 향상을 위해서만은 아니다. 이는 책과의 대화를 계속 이어 나가는 과정이며, 우리의 삶에 책의 지혜를 적용하는 첫걸음이다. 우리는 이를 통해 더 깊은 독서 경험을 할 수 있으며 책에서 얻은 통찰력을 일상에 녹여낼 수 있다.

결국 이야기를 떠올리는 것은 단순한 회상이 아니라 책과 독자 사이의 활발한 상호작용이다. 이를 통해 우리는 더 풍부한 독서 경험을 하고 책에서 얻은 지혜를 우리의 삶에 적용할 수 있는 능력을 기를 수 있다. 이러한 과정을 통해 우리는 진정한 의미의 독서, 즉 책과 함께 성장하는 독서를 경험할 수 있을 것이다.

끄덕끄덕 갸웃갸웃 구절 찾기

사람들은 마음에 드는 상황이나 장면을 만나면 고개를 끄덕이고, 공감하기 어려운 부분을 접하면 머리를 갸웃거리며 의문을 품는다.

에르디아 비경쟁토론에서의 '끄덕끄덕, 갸웃갸웃 구절 찾기'는 이런 자연스러운 반응을 이용해서 책 속의 인상 깊은 구절을 찾아보는 활동이다. 책을 읽다 보면 자기도 모르게 고개를 끄덕끄덕하며 마음속에 저장하고 싶은 문장과 단어들이 있고, 머리를 갸웃갸웃하며 자꾸만 의문이 생기는 부분이 있다. 독서 후 머릿속에 남았던 구절들을 상기하며 해당 부분에 밑줄을 긋거나 내용을 발췌해 보면 작품을 좀 더 꼼꼼히 살펴보고 본인의 생각을 정리하는 데 도움이 된다. 책을 읽은 사람들이 끄덕끄덕, 갸웃갸웃 구절을 함께 나누면 풍성하고 심도 있는 대화를 나눌 수 있는 계기가 마련되기도 한다.

끄덕끄덕, 갸웃갸웃 구절 찾기는 글이 있는 그림책부터 문고판 도서까지 다양한 장르의 도서에서 활용될 수 있다. 이때 주로 사용되는 구절 찾기 방법은 학생들의 감정과 생각이 중심이 되는 주관적인 발췌이다. 본래 한 작품을 이해하기 위해서는 저자의 의도, 주제, 사실이 드러나는 객관적인 정보를 살펴보는 것도 필요하다.

하지만 끄덕끄덕, 갸웃갸웃 구절 찾기 활동에서는 본인의 생각과 느낌에 집중하여 발췌 부분을 찾는 것이 좋다. 독자로서의 감정에 집중하여 나만의 감상을 정리하기 위해서이다. 이렇게 학생들은 책 속의 문장과 단어, 사건들을 꼼꼼히 살피며 마음에 와닿은 구절과 의문이 생기는 부분에 질문을 던지다 보면 사고가 더욱 확장되는 경험을 할 수 있다.

이 활동은 교실에서 전체 인원으로 진행할 수 있지만 주로 5~6명으로 모둠을 구성하면 참여자들이 좀 더 깊은 이야기를 나눌 수 있다.

적용 가능한 대상은 초등 저학년부터 성인까지이다. 초등 저학년의 경우 그림책이나 글밥이 적은 문고판 도서를 활용하여 책 속 문장 중 인상적인 부분을 뽑아보게 할 수 있다.

✦ 진행 방식

1. 책을 읽고 난 후 마음에 와닿은 구절과 내용 그리고 뽑은 이유를 생각해 본다. "책을 읽으면서 마음에 와닿은 구절은 무엇인가요?", "인상 깊은 구절과 아쉬웠던 구절을 각각 뽑아본다면 어떤 부분이 생각나나요?", "그 구절들을 뽑은 이유는 무엇인가요?"와 같은 진행 멘트를 활용하면 좋다.

2. 접착 메모지 2장에 각각 '*끄덕끄덕*' 공감 구절과 '*갸웃갸웃*' 의문 구절을 1개씩 뽑은 이유와 함께 적어본다.

3. 모둠별로 이야기를 나눈다. 이때 공감 구절을 먼저, 의문 구절을 나중에 활용하면 서로 대화 나누기가 편리하다.

4. 전체 발표하거나 모둠별로 1~2명씩 발표해 전체 공유한다.

♥ 책을 읽지 않았거나 인상 깊은 구절을 찾기 어려워하는 참여자가 있다면 진행자가 미리 줄거리를 요약해 주고 5~7분 정도 생각을 정리하는 시간을 주면 함께 참여할 수 있다.

다음 페이지의 자료는 헤르만 헤세의 《데미안》 중 '1장 두 세계', '2장 카인' 그리고 '3장 예수 옆에 매달린 도둑'으로 *끄덕끄덕*, *갸웃갸*

끄덕끄덕 (인상 깊은 구절)

돌 하나가 우물 안에 던져졌고, 그 우물은 나의 젊은 영혼이었다. 그리고 긴, 몹시 긴 시간 동안 카인, 쳐 죽임, 표적은 바로 인식, 회의, 비판에 이르려는 내 시도들의 출발점이었다.(p.46)

우리 집 현관 마루에서는 이제 더 이상 평화와 안전의 냄새가 나지 않았다. 내 주위에서 세계가 무너졌다. (…) 모든 혼돈의 공포가 나를 위협했다. 모든 흉측하고 위험한 것이 일제히 나에게 맞섰다.(p.22)

나의 세계가, 행복하고 아름다운 나의 삶이 과거가 되며 나로부터 떨어져 나가는 것을 나는 얼어붙은 가슴으로 바라보고 있어야 했다. (p.28-29)

내 죄와 불안의 긴 역사 전체가, 겉으로는 그 어떤 흉터도 인상도 남기지 않은 채 놀랍도록 빨리 내 기억에서 미끄러져 갔다. (…) 나는 내게 내렸던 저주의 고해로부터, (…) 잃어버렸던 낙원으로…. (p.61)

그러나 그걸 수행하거나 충분히 강하게 원할 수 있는 것은 오로지 소망이 나 자신의 마음속에 온전히 들어있을 때, 내 본질이 정말로 완전히 그것으로 채워져 있을 때뿐이야. (p.77)

갸웃갸웃 (의문 구절)

"그 비난을 나는 남몰래 다른 것과 연관시켰다. 그때 마음 속에서 이상하게도 새로운 느낌이 불꽃처럼 번득였다. 뾰족하지 않은 미늘이 가득 박힌 듯한 날카롭고 불길한 느낌이었다. 나는 아버지보다 우월하다고 느꼈다! 한순간 아버지의 무지에 대해 약간의 경멸을 느꼈던 것이다. (p.27)

(p.45)
"그때 나는 한순간 아버지와 아버지의 밝은 세계 그리고 지혜를 문득 꿰뚫어 본 듯 경멸했다! (…) 악의와 불행을 겪었기 때문에 내가 아버지보다 더 높은 곳에, 선하고 경건한 사람들보다 더 높은 곳에 서 있다고"

"(…) 그러나 그걸 수행하거나 충분히 강하게 원할 수 있는 것은 오로지 소망이 나 자신의 마음 속에 온전히 들어있을 때, 내 본질이 정말로 완전히 그것으로 채워져 있을 때뿐이야. …"(p.77)

(p.83)
하지만 우리는 모든 것을 존경하고 성스럽게 간직해야 한다고 생각해. 인위적으로 분리시킨 이 공식적인 절반뿐만 아니라 세계 전체를 말이야. 그러니까 우리는 신을 위한 예배와 더불어 악마를 위한 예배도 가져야 해.

고등학생 대상으로 《데미안》을 읽고 '끄덕끄덕', '갸웃갸웃' 구절 찾기를 한 사례웃 구절 찾기 활동을 한 수업 사례이다. 작품 속에는 작가 특유의 현학적이고 생각할 거리가 있는 문장이 많아 아이들은 구절들을 꼼꼼히 살피며 끄덕끄덕 구절과 갸웃갸웃 구절들을 신중하게 찾았다. 그들은 싱클레어의 독백과 감정에는 공감하다가도 프란츠 크로머에게 끼친 데미안의 신비로운 존재감, 싱클레어가 느끼는 아버지에 대한 부정적인 감정에는 의문을 던졌다. 책을 읽은 후 이야기를 떠올릴 수 있는 부분 발췌와 공감 가는 부분과 의문이 드는 부분을 이유와 함께 써보는 활동은 작품을 상기시키는 효과가 있다.

책 장면으로 내용 살펴보기

오늘날 아동들의 독서량 증가는 분명 고무적인 현상이다. 하지만 많은 학생이 독서를 의무감이나 과제로 여기는 경향이 있어 진정한 독서의 즐거움을 느끼지 못하고 있다는 우려의 목소리도 있다.

'어떻게 하면 학생들이 독서에 자연스럽게 빠져들 수 있을까?'

그 해답은 바로 재미있고 흥미로운 방식으로 책과 교감하는 데 있다. 진정한 독서의 가치는 얼마나 많은 책을 읽느냐가 아니라 얼마나 즐겁게 읽느냐에 있다. 독서의 첫걸음은 책에 대한 흥미와 호기심을 키우는 것이다. 다시 말해, 한 권의 책이라도 그 이야기에 푹 빠져 상상의 나래를 펼치고 자신만의 방식으로 이야기를 즐기는 것이 중요하다. 즐거운 마음으로 하는 독서는 비록 권수는 적을지라도 독서 습관 형성과 독서에 대한 긍정적인 태도를 키우는 데 큰 도움이 된다. 이는 단순히 많은 책을 읽어야 한다는 부담감을 가지고 읽는 것보다 훨씬 효과적이다. 이러한 방식으로 책을 읽으면 학생들은 자연스럽게 책의 매력에 빠져들 수 있다.

따라서 책을 읽은 후에는 그 내용을 재미있게 되새겨보는 활동이 필요하다. 이를 위해 나이와 상관없이 쉽고 즐겁게 할 수 있는 방법 중 하나가 바로 '책 장면으로 내용을 살펴보기'이다.

○ 책 속 장면 순서대로 배열하기

이 활동은 이야기의 흐름을 파악하고 사건의 인과 관계를 이해하는 데 도움이 된다. 함께 읽은 책의 내용을 다시 한번 훑어보는 방법으로 책 속 그림을 이용하는 것이다. 이 활동은 책을 읽은 직후 또는 이미 읽었지만 시간이 지나서 내용이 잊혔을 때, 심지어 책을 읽지 않은 학생들에게도 책 내용을 상기시키는 데 도움이 된다. 인원 제한은 없고 5~6명 정도로 구성된 모둠별 활동을 추천한다.

✚ 진행 방식

1. 책 속 중요 장면의 그림을 10~12장 내외로 준비한다.
2. 전지 위에 각 모둠의 방식대로 스토리를 상기해 가며 그림을 순서대로 연결한다.
3. 연결된 그림으로 스토리를 이야기하며 느낌을 나눈다. (이때 각 모둠 안에 책을 읽은 친구가 1~2명 있으면 더 효과적이다.)

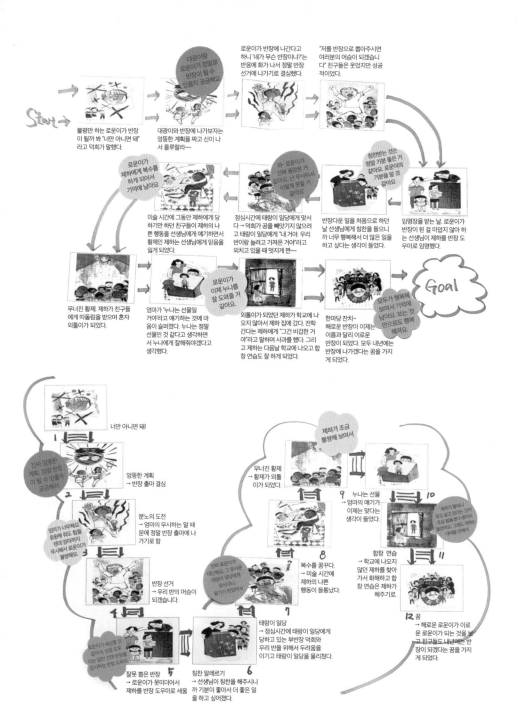

《잘못 뽑은 반장》을 읽고 책 속 장면 순서대로 배열하기 활동한 사례

책 속 장면 순서대로 배열하기 활동을 한 각 모둠의 학생들은 그림을 다양하게 배치했고 그림에 댓글을 자유롭게 달며 재미를 느꼈다. 학생들은 "모둠원들과 내용을 상의하며 배치하다 보니 책 내용을 더 깊이 있게 이해할 수 있었고, 서로의 생각을 나누는 활동이 즐거웠다."라는 소감을 남겼다.

○ 책 속 장면 퍼즐로 맞추며 내용 살펴보기

이 활동은 특정 장면을 집중적으로 관찰하며 세부 사항에 주목하게 한다. 책 내용 중에서 꼭 전달하고자 하는 장면으로 퍼즐을 만들어 학생들이 자연스럽게 퍼즐 장면에 대한 호기심을 유발하며 책 내용을 상기시키는 방법이다. 모둠별로 가지고 있는 장면이 다르므로 그 내용들을 연결해야 스토리가 완성되는 협동 활동이다.

인원이 적을 때는 개인적으로도 가능하지만 5~6명 정도로 구성된 모둠 활동을 추천한다. 수업 중 시간 제약이 있으므로 퍼즐 조각은 8~16조각으로 난이도를 조절하면 초등 저학년부터 성인까지 짧은 시간에 즐길 수 있다.

✤ 진행 방식

1. 책 속 내용 중 중요한 장면을 모둠 수대로 준비한다.
2. 준비한 장면을 다양한 형태의 조각으로 나눈다.
3. 모둠별로 1세트씩 퍼즐을 맞추도록 한다.
4. 모둠별로 맞춘 퍼즐을 공유하며 책 속 주요 장면의 내용에 관

한 이야기를 나눈다.

5. 전체적으로 내용을 요약하고 느낌을 나눈다.

다음 페이지의 위쪽 자료는 초등 1학년 6~7명이 개인적으로 한 활동이다. 크고 간단한 그림으로 가장자리에 색깔을 표시해 놓아서 그림과 함께 색을 맞추다 보면 퍼즐이 완성되도록 했다. 학생들이 어려워하지 않고 즐겁게 활동했으며 수업 후에는 퍼즐을 가져가겠다고 할 정도로 호응이 좋았다.

아래쪽 자료는 글밥이 많은 그림책으로 초등 고학년 대상으로 한 사례이다. 그림의 색감이 약해서 살짝 어려웠지만 퍼즐을 좋아하는 학생이 많아 성취감이 커서 만족도가 높았던 수업이다. 모둠별로 완성된 퍼즐의 내용을 전체 학생들과 공유하고 대략적인 스토리를 확인한 후에 각자의 느낌을 이야기하면서 자연스럽게 토론으로 연결할 수 있었다.

퍼즐은 모두가 좋아하는 게임이다. 퍼즐 맞추기라는 것 하나로도 학생들의 관심이 높아진다. 모둠 활동의 경우 다른 모둠보다 더 빨리 맞추려는 경쟁심으로 집중도도 높아진다. 다 맞추고 나면 성취감도 느낄 수 있고, 다른 모둠의 퍼즐과 연결하며 책 내용을 다시 돌아보는 활동으로 이어 나갈 수 있는 좋은 방법이다. 저학년의 경우 좀 더 쉽게 맞출 수 있는 장치를 마련해 주는 것이 필요하다.

초등 1학년을 대상으로《내마음 ㅅㅅㅎ》속 주요 장면을 퍼즐로 맞추며 살펴본 사례

초등 고학년을 대상으로《모모》속 주요 장면을 퍼즐로 맞추며 살펴본 사례

● 주인공의 여정을 따라가며 내용 살펴보기

이 활동은 캐릭터의 성장과 변화를 추적하며 이야기의 전체적인 맥락을 이해하는 데 효과적이다. 이러한 활동은 단순히 책을 읽는 것에서 그치지 않고 내용을 깊이 있게 이해하고 분석하는 능력을 기르는 데 도움을 준다. 또한 이러한 과정을 통해 학생들은 독서에 대한 흥미를 잃지 않으면서도 비판적 사고력과 창의력을 향상할 수 있다. 결론적으로 양질의 독서란 단순히 많은 책을 읽는 것이 아니라 깊이 있게 생각하며 읽는 것이다. 이러한 독서 습관을 통해 학생들의 문해력과 사고력을 함께 향상할 수 있다.

시간적, 공간적 배경이 뚜렷한 이야기의 경우 등장인물의 여정을 따라가며 내용을 살펴보는 것도 학생들이 좋아하는 활동이다. 이 활동은 등장인물을 따라가면서 이야기의 몰입도도 높아지고 내용 파악이 빠르게 된다는 장점이 있다. 특히 여정을 따라가다 보면 좀 더 깊이 있게 이야기 속으로 빠져들어 갈 수 있다.

✤ 진행 방식

1. 책 속 내용의 그림을 통해 등장인물의 여정을 따라갈 수 있도록 중요 장면을 PPT나 프린트물로 소개한다.
2. PPT 장면 내용을 그림으로 표현하도록 한다.
3. 모둠별로 그려진 여정을 따라가며 책 내용과 인물의 감정을 살펴본다.
4. 내용과 인물의 감정을 살펴본 후 느낌을 나눈다.

《수난이대》 주인공 만도의 여정 따라가기. 중요 장면을 PPT로 제시한다.

모둠별로 만도의 여정을 따라가며 그림으로 내용 살피고 느낌 나누기를 한 사례

주인공의 여정을 따라가며 내용 살펴보기는 주인공이나 등장인물 중 글의 스토리를 나누고자 하는 인물을 선택하여 그의 여정을 따라가며 책의 내용을 다각도로 살펴볼 수 있는 활동이다. 이 활동은 인물의 감정도 함께 생각해 볼 수 있어서 일석이조의 효과를 거둘 수 있다. 모둠별로 다양한 그림을 만나는 것도 흥미롭다. 학생들의 창의력을 만날 수 있다는 것은 또 다른 즐거움이다.

책 장면으로 내용 살펴보기는 토론 수업 전에 미리 책을 읽지 않은 학생들을 적극적으로 수업에 참여시키려는 의도로 시작된 활동이다. 그런데 책을 읽은 학생들에게서도 "그림을 활용하니까 더 재미있고, 내용도 다시 확실하게 정리가 되었다."라는 피드백을 받은 후 느낌 나누기로 자주 사용하고 있다. 이 활동들은 그림책보다는 고학년의 문고판 도서에 활용하면 좋다.

텍스트로 이야기 떠올리기

에르디아 비경쟁토론에서 책은 서로 마음을 열고 생각을 주고받을 수 있게 하는 소통 도구이자 매개체로써의 역할을 한다. 그렇기에 토론에 앞서 미리 책을 읽어오는 것은 원활한 토론을 위한 중요한 전제 조건이 된다.

하지만 실제 수업 현장에서는 여러 사정으로 책을 읽어오지 않거나 책을 읽어도 내용을 잘 이해하지 못하고 토론에 참여하는 학생들을 자주 볼 수 있다. 따라서 여러 다양한 상황의 학생들과 책에 기반을 둔 토론을 하고 싶은 교사는 책 속 이야기를 떠올리기 위한 방법을 고민한다.

에르디아 비경쟁토론에서는 이러한 고민을 해결하고 책에 바탕을 둔 토론을 하기 위해 '텍스트로 이야기 떠올리기'를 사용한다. 이 활동은 토론할 책의 내용을 떠올리게 하여 책을 읽어오지 않은 학생뿐만 아니라 분량이 많은 책으로 토론을 진행할 때도 텍스트에 대한 이해를 도울 수 있어 유용하다. 에르디아 비경쟁토론에서 사용하는 텍스트로 이야기 떠올리기 활동은 크게 세 가지로 정리해 볼 수 있다.

○ 목차로 줄거리 파악하기

이 활동은 문고판 도서처럼 목차가 있는 경우에 사용할 수 있다. 교사는 미리 책의 목차를 이용해 빈칸 채우기를 준비한 후 퀴즈식으로 진행하여 학생들의 참여를 유도할 수 있다. 정답을 확인한 후에는 해당 목차의 대략적인 줄거리를 함께 이야기를 나누어보며 책 내용을 순차적으로 파악해 볼 수 있는 활동이다.

✚ 진행 방식

1. 목차에 빈칸을 만들어 PPT 화면에 띄울 퀴즈 문제를 준비한다.
2. 목차를 차례대로 살펴보며 빈칸에 들어갈 낱말이 무엇인지 학

생들에게 질문한다.

3. 빈칸에 들어갈 정답을 맞히면 목차에 해당하는 줄거리를 함께 이야기해 본다. (빈칸 퀴즈 정답을 맞힌 학생에게는 간단한 보상을 제공하여 적극적인 참여를 유도해도 좋다.)

5. 화면에 전체 정답을 보여주고 다시 한번 간단한 줄거리를 이야기하며 마무리한다.

다음 페이지의 자료는 김경숙 작가가 쓴《푸른 매 해동청, 고려 하늘을 날아라!》를 읽고 목차로 줄거리 파악하기 활동을 진행한 사례이다. 목차를 활용한 퀴즈 풀기를 통해 저학년 학생들이 즐겁게 소통했다. 책 속 이야기를 떠올리며 관계 형성을 할 수 있어 좋았고, 본격적인 토론에 필요한 책 내용도 파악해 볼 수 있어 유익한 활동이었다.

● 줄거리 자료로 책 내용 파악하기

이 활동은 책을 읽어오지 않거나 미처 다 읽지 못한 경우 내용의 이해를 도와 원활한 토론을 진행하려 할 때 유용하게 사용할 수 있다. 교사는 A4 용지 1장 정도의 책 줄거리를 미리 준비한다. 줄거리를 읽을 때는 학생들이 일정 분량씩 윤독하도록 해 적극적인 참여를 유도하고 책 내용에 더 집중하게 할 수 있다.

✦ 진행 방식

1. 미리 A4 용지 1장 정도의 줄거리 자료를 준비한다.

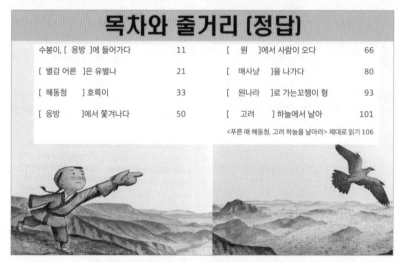

목차와 줄거리 [문제]

목차와 줄거리 [정답]

초등 3학년 대상으로 목차로 줄거리 파악하기 활동을 한 사례

2. 모둠별로 2인 1장씩 줄거리 자료를 나누어준다.

3. 모둠별로 1명씩 지명하여 일정 분량씩 윤독하게 해 책 내용을 파악한다.

다음 페이지의 자료는 성현정 작가가 쓴《두 배로 카메라》를 읽고 줄거리 자료를 이용하여 책 내용을 파악해 본 것이다. 이 활동은 학생들이 일정 분량씩 줄거리를 윤독함으로써 저학년 아동의 책 읽기 능력을 향상시키고 토론할 책의 전체 내용도 숙지할 수 있어 일석이조의 효과를 얻을 수 있었다.

○ 모둠별로 협업해 줄거리 만들어 정리하기

이 활동은 모둠별로 협의하여 A4 용지에 간단하게 줄거리를 정리한 후 전체 발표를 통해 책 내용을 파악할 수 있다. 모둠별 구성원이 협업을 통해 집단지성의 힘으로 줄거리를 정리해 봄으로써 개인이 미처 파악하지 못했던 내용까지 자세히 살펴볼 수 있어 서로에게 유익한 활동이다.

목차로 줄거리 파악하기와 줄거리 자료로 책 내용 파악하기는 모든 연령에 적용이 가능하지만, 모둠별로 협업해 줄거리 만들어 정리하기 활동은 초등 저학년의 경우에는 다소 어려울 수 있으므로 초등 고학년부터 적용하는 것이 더 효과적이다.

두 배로 카메라

　　제6회 '비룡소 문학상' 우수상 수상작 《두 배로 카메라》는 '부모와 자녀 사이의 갈등'이라는 고전적 테마를 '마법 카메라'라는 기발한 장치를 통해 환상적으로 다룬 작품이다. 우연히 얻게 된 마법 카메라로 엄마, 아빠가 둘, 넷으로 늘어나자 아이와 부모 사이의 갈등은 마치 현미경으로 확대한 것처럼 증폭되지만, 진짜 엄마 아빠를 찾는 과정 속에서 서로를 이해하게 되고 진정한 가족의 의미를 깨닫게 된다.

　　금요일 학교를 마치고 집으로 가던 길에 만난 수상한 트럭 한 대. 나는 트럭 속에 있는 카메라가 마음에 들어 500원을 조수석 창문으로 던져놓고 가져온다. 단순한 장난감인 줄 알고 셔터를 눌러대던 나는 이 카메라에 특별한 기능이 있다는 것을 알게 된다. 셔터를 누르고 플래시가 터질 때마다 살아있는 생명체가 2배로 늘어난다는 놀라운 사실이다.

　　퇴근한 엄마, 아빠에게 이것을 말하지만, 아무도 내 이야기를 제대로 들어주지않고 딴소리만 한다. 화가 나서 카메라로 아빠를 찍자 아빠는 두 명이 되어버린다. 이 상황에도 엄마와 아빠 두 명은 나의 이야기는 들어주지 않고 마구 싸운다. 또다시 고양이 골롬을 찍다가 실수로 엄마를 찍고, 엄마 한 명이 아빠들을 찍어 결국 엄마 둘, 아빠 넷, 고양이 마흔여덟 마리가 되어버린다.

　　혼자 있을 때는 엄마 아빠가 많으면 더 좋을 줄 알았는데 그렇지도 않다. 엄마는 놀아주기는 커녕 잔소리만 두 배로 늘었고, 아빠들이 집에 있으니 몰래하던 휴대폰 게임도 못하고 텔레비전도 못 보게 되어 힘들기만 하다. 당황스러워 하는 나와 달리 엄마, 아빠들은 오히려 이 상황을 즐기며 좋아한다.

　　일요일이 되자 이 상황을 해결하기 위해 카메라를 들고 나와 트럭을 찾는다. 머리가 하얗게 센 트럭 할아버지에게 사실을 모두 털어놓으며 도움을 요청한다. 할아버지는 유리 바늘이 든 작은 상자를 주며 유리 바늘로 풍선 인간과 진짜 엄마 아빠를 구별해 내야 한다고 한다. 그리고 기회는 한 번뿐이고 만약 진짜를 찌르면 바늘에게 영혼을 빼앗기니 조심하라고 한다.

　　과연 나는 진짜 엄마 아빠를 잘 구별할 수 있을까?

　　(후략)

초등 3학년 대상으로 줄거리 자료로 책 내용 파악하기 활동을 한 사례

✦ 진행 방식

1. 모둠별로 10~15분 정도 시간을 주고 모둠원이 협업하여 A4 용지에 간단하게 줄거리를 정리하게 한다.

2. 목차가 많거나 책 분량이 많을 경우에는 모둠별로 일정 분량씩 목차를 나누어 정리해 보게 하는 것도 좋다. 이때 모둠별로 책이나 책의 목차를 제시해 주어 활동을 돕는다.

3. 모둠별로 발표자, 기록자, 의견 제출자 등 역할을 정해 모든 구성원이 참여할 수 있도록 안내한다.

4. 모둠별로 줄거리 정리가 끝났으면 전체 발표를 한다.

5. 발표 후 교사가 다시 한번 전체 줄거리를 정리하며 마무리한다.

다음 페이지의 자료는 중학생과 함께 이정훈 작가가 쓴《하얀 물보라》를 읽고 모둠별로 줄거리를 정리한 것이다. 모둠 활동의 장점을 적극 활용해 책을 읽어온 학생과 읽어오지 않은 학생이 협업하여 책 내용을 정리하면서 텍스트에 대한 이해를 높일 수 있었다.

이 책은 11개의 목차로 구성되어 있는데 4개 모둠이 목차를 2~3개씩 나누어 줄거리를 정리하게 하여 학생들이 부담 없이 참여할 수 있게 하였다. 모둠별 줄거리 정리가 마무리된 후에는 발표를 통해 전체 줄거리를 파악하고 토론할 책에 대한 시각과 관점을 확장했다.

텍스트로 이야기 떠올리기 활동은 토론할 책의 수준이나 참여자들의 독서 정도에 따라 앞에서 소개한 세 가지 방법 중에서 적절하게 선택하여 적용하면 된다.

<1모둠>
목차 1,2,3 정리하기

1. 완이와 아빠가 한강에 왔는데, 잠시 앉아 쉬는 도중 죽은 상괭이를 발견했다.
2. 서쪽 바다에 사는 어린 상괭이 바론이와 가람이가 사냥을 하는데 물고기가 없어 어려움을 겪고 있다.
3. 먹이가 없어 바론이가 가람이에게 하얀 물보라가 있는 한강으로 가자고 제안한다.

<2모둠>
목차 4,5,6 정리하기

점박이 물범과 만남.
점박이 물범이 하얀 물보라를 넘었으니 돌아갈 수 없다고 상괭이 무리에게 이야기함.
물고기를 따라가다가 가숭어 치어를 만나 잡아 먹으려다가 대장 가숭어의 꾸짖음에 당황해 먹지 않음.
새로운 먹이를 찾아가다가 잉어 할아버지를 만나서 수달을 찾아가라는 이야기를 들음.

<3모둠>
목차 7,8,9 정리하기

상괭이들이 수달을 찾으러 가는 길에 고라니를 만났다.
고라니가 수달이 어디 있는지 알려주었고, 수달을 만나게 되었다.
수달로부터 하얀 물보라에 대한 이야기를 들었다.
밤섬에 있는 할아버지를 만나 한강의 옛모습과
하얀 물보라 밖으로 나가는 방법에
대한 이야기를 들었다.

<4모둠>
목차 10,11 정리하기

어린 상괭이 가람이와 바론이가 다시 집으로 가려고 하얀 물보라를 건너려고 함. 하지만 가람이는 한강 상태가 안 좋아서 힘이 없었고, 바론이는 가람이를 끌고 가려 했지만 가람 왈 "돌아가서 이를 알려라. This is my hope." 그래서 바론이는 하얀 물보라를 건너 바다로 돌아오고 가람이는 한강에서 죽음.
∴ 죽은 가람이를 완이와 완이의 아빠가 발견함.
→아빠: 나도 이게 뭔지 몰라. 할아버지에게 가자.
→할아버지: 라떼는 말이야….

중학생 대상으로 모둠별로 협업해 줄거리 만들어 정리하기 활동을 한 사례

3부

질문으로 토론을
디자인하다

토론의 흐름을 계획하고 구성하는 질문의 힘

　'질문으로 토론을 디자인한다'라는 말은 토론의 핵심을 질문에 두고 있음을 의미한다. 에르디아 비경쟁토론에서 질문은 단순한 도구가 아닌 토론의 뼈대가 되는 요소로 전체 토론 흐름을 이끌어가는 중요한 역할을 한다. 질문의 중요성은 아무리 강조해도 지나치지 않는다. 질문의 방향에 따라 토론의 방향이 결정되고 참여자들의 사고가 확장되며 궁극적으로는 토론의 깊이와 폭이 크게 달라질 수 있기 때문이다.

　더 나아가 질문은 토론에 참여하는 학생들의 호기심을 자극하고 새로운 관점을 열어주는 열쇠와 같다. 적절한 질문은 학생들로 하여금 기존의 생각에서 벗어나 다양한 각도에서 생각할 수 있게 하며 이는 결과적으로 더욱 풍성하고 의미 있는 토론으로 이어진다.

　따라서 질문으로 토론을 디자인한다는 것은 단순히 질문을 만드는 것을 넘어 토론의 전체적인 흐름 그리고 그 안에서 일어나는 사고의 과정까지도 섬세하게 계획하고 구성한다는 의미를 내포하고 있다.

그렇다면 토론 수업에서 질문은 누가 만드는 것이 좋을까? 교사가 질문을 미리 준비해서 제공하기도 하고 학생들에게 질문을 만들도록 기회를 줄 수 있다.

에르디아 비경쟁토론에서는 학생들이 토론에 필요한 질문을 직접 만드는 것을 중요하게 생각한다. 학생에게 질문의 주도권을 주고 토론하면 어떤 의미가 있을지 알아보자.

첫째, 교사는 학생이 무엇을 궁금해하는지, 이야기 나누고 싶은 주제가 무엇인지 알 수 있다. 학생들이 원하는 주제로 대화한다면 토론에 흥미를 느낄 가능성이 높다. 교사는 학생들의 대화가 어떻게 진행되는지, 학생들이 어떤 배움을 얻고 있는지 조용히 지켜보면 된다. 교사는 토론 수업에서 무엇이 학생의 흥미를 이끄는지 알아차릴 수 있다.

둘째, 여럿이 함께 질문을 만들 때 집단지성의 힘을 느낄 수 있다. 혼자보다 여럿이 함께 질문을 만들면 쉬워진다. 누군가 만든 질문을 보면 다른 질문이 떠오를 수 있다. 하나둘씩 꺼내다 보면 어느 순간 다양한 질문들로 채워진다. 학생들은 만들어진 질문의 개수에 놀라며 집단지성의 힘을 느낀다. 많은 질문 중에서 내게 관심 있는 질문을 만날 수 있다. 관심 있는 질문을 1개라도 만난다면 이 시간은 의미가 있다.

셋째, 질문은 호기심을 자극한다. 질문을 만나면 신기하게도 하고 싶은 말이 생긴다. 본인이 관심 있는 주제라면 그 마음은 더 커진다. 원래 관심 없는 주제인 줄 알았는데 질문을 보니 나도 몰랐던 새로운 관심사를 느끼게 된다. 이렇듯 질문은 본인이 무엇에 관심이 있는지 알게 만들고, 친구들은 어디에 관심이 있는지 알게 해준다. 질문은 나와 친구들의 호기심을 자극하고 대화하고 싶게 만드는 힘이 있다.

학생들이 직접 질문을 만들고 내가 이야기하고 싶은 질문을 선택한다는 것은 꽤 유용한 방법이다. 이제 어떤 질문이 토론에 필요한 질문인지 살펴보자.

토론에 필요한 질문

토론하다 보면 대화가 끊기고 어색해지는 순간이 있다. 교사도 이 시간이 쉽지는 않다. 토론은 강제로 시킨다고 자연스럽게 대화가 오고 가는 것이 아니기 때문이다. 오랜 시간 동안 학생들이 토론하는 모습을 지켜보면서 교사의 개입 없이 학생 스스로 즐겁게 대화하는 방법을 터득하게 되었다. 학생들에게 토론에 필요한 질문을 알려주고 훈련한다면 가능한 일이다.

여기에서 소개하는 다섯 가지 질문을 활용하면 교사의 개입을 최소화하면서 학생 스스로 대화의 즐거움을 느끼며 토론에 푹 빠져들 수 있다. 물론 처음에는 다섯 가지 질문법이 익숙하지 않아 여러 번 시행착오를 겪는 시간이 필요하고 자연스럽게 활용하기까지는 시간이 좀 걸릴 수 있다. 여유를 가지고 학생들과 연습해 보기를 바란다.

이유 질문, 그렇게 생각한 이유는 뭐야?

우리는 질문을 받으면 대부분 "나는 이렇게 생각해."라고 단답형으로 대답한다. 하지만 질문이 우리의 생각을 자극하여 결론이 나오기까지는 다양한 생각의 배경과 이유가 존재한다. 이러한 생각의 배경과 이유를 나누게 되면 토론의 내용은 더 풍부해지고 주제를 깊이 탐구하게 하여 새로운 관점을 발견할 수 있다.

다음은 에르디아 비경쟁토론에서 한 중학생과 나눈 대화이다.

"손원평 작가의《아몬드》를 읽고 어떤 생각이 들었나요?"

"주인공을 보면서 답답하다는 생각이 들었어요."

이때 교사가 '이유' 질문을 추가하자 학생은 곰곰이 생각하며 좀 더 자세한 대답을 들려주었다.

"주인공에게서 답답함을 느낀 이유는 무엇인가요?"

"곤이가 잃어버렸던 엄마의 임종을 지키지 못해 억울했던 감정을 윤재에게 푸는 것을 보면서 어른들의 잘못된 행동으로 가족과 해결해야 할 일이 학교 폭력으로 번져 답답하다는 생각이 들었어요."

이 대답을 통해 앞서 주인공에게 느낀 답답함의 이유를 알 수 있었다. 또 이 과정에서 '어른의 도리', '진정한 어른'이라는 새로운 핵심 단어도 발견할 수 있었다. 이처럼 책을 읽고 학생들과 토론할 때 이유 질문을 사용하면 더 깊이 있게 이야기를 나눌 수 있다. 이유 질문을 보태어 상대방의 생각이나 주장을 더 깊이 이해하는 풍성한 토론을 하려면 다음과 같이 호기심을 담아 정중하게 질문하면 된다.

"그렇게 생각하는 이유가 궁금해."

"등장인물의 행동을 그렇게 판단한 이유를 듣고 싶어."

"그때 그렇게 행동한 이유가 있어?"

"그 경험이 너에게 특별히 기억에 남은 이유는 뭐야?"

경험 질문, 그것과 관련한 경험이 있어?

토론에서 경험은 어떤 역할을 할까?

첫째, 경험은 이해를 돕는다. 토론 과정에서 경험을 나누는 것은 다양한 예시를 듣는 것과 같다. 토론할 때 청소년들이 생각을 너무 짧게 이야기해서 이해되지 않는 경우가 있다. 책을 읽고 '우정의 중요성'이라는 주제로 토론할 때 친구와 우정을 나누었던 경험을 이야기하면 편안하게 토론을 이어갈 수 있다.

둘째, 우리의 경험은 책 속 이야기보다 더 공감을 불러일으킨다. 같은 환경에서 비슷한 고민을 하는 학생들에게 다른 친구들의 경험은 자신의 상황을 돌아보게 한다. 《아몬드》라는 책을 읽고 토론할 때 등장인물의 이야기보다 학급 친구들 사이에서 실제로 일어난 경험이 더 흥미롭고 공감대를 형성한다.

셋째, 각자의 경험 공유는 상대방과 친밀감을 형성하는 데 도움이 된다. 토론에서 경험을 나누면 단순한 의견 교환을 넘어 서로를 이해할 수 있다. 이를 통해 참여자들은 서로를 더 잘 알게 되어 편안하게 토론할 수 있다.

넷째, 경험은 이야기를 쉽게 꺼내도록 도와준다. 교실에서 책을 읽고 토론할 때 모든 학생이 책을 읽어오길 기대하기는 어렵다. 또한, 책을 미리 읽었더라도 각자 이해하는 정도가 달라 토론이 활발하게 이루어지기 어려울 수 있다. 그러나 책 내용과 비슷한 경험을 나누고 이를 활용하면 토론에 참여하는 것이 좀 더 수월해진다.

이처럼 '경험' 질문은 편안한 분위기를 만들고, 이해를 돕고, 서로의 생각을 더 깊이 나눌 수 있게 해 주는 질문이다. 경험 질문은 다음과 같이 활용할 수 있다.

> "관련된 경험이 있어?"
>
> "그렇게 생각하게 된 특별한 경험이 있어?"
>
> "책 속 주인공과 비슷한 상황의 경험이 있다면 이야기해 줄 수 있어?"

상대방의 경험을 질문하는 경우 주의해야 할 점이 있다. 경험 질문이 편안한 주제로 공감하기 쉬워 서로의 마음을 열어주지만 때로는 공유하고 싶지 않은 개인적인 이야기가 있을 수 있다. 따라서 상대방의 반응을 살피며 조심스럽게 질문해야 한다.

이때 질문하는 사람의 태도도 중요하지만 질문받는 사람이 이야기하고 싶지 않다면 말할 필요가 없다는 명확한 안내도 필요하다. 이렇게 토론에서 다양한 생각을 나누며 이유와 경험을 공유하면 더욱 설득력 있고 풍부한 스토리텔링이 될 수 있다.

또 질문, 더 들려줄 이야기가 또 있어?

교실에서 토론하다 보면 크게 두 가지 유형의 학생이 눈에 띈다. 첫 번째는 생각을 지나치게 점검하느라 이야기를 쉽게 못 하는 유형이다. 이런 친구들에게는 앞서 언급한 경험 질문이 도움이 될 수 있다. 두 번째는 깊은 고민 없이 떠오른 생각을 빠르게 말하고 할 일을 다 했다고 여기는 유형이다.

이러한 학생들에게 꼬리에 꼬리를 물고 생각을 나눌 수 있도록 도와주는 질문이 '또' 질문이다. 예를 들어,《아몬드》를 읽고 다음과 같은 질문을 던졌다.

"윤재처럼 감정을 못 느끼면 어떨까?"

"아픔도 감정도 못 느낀다면 답답할 것 같아요."

이때 교사가 또 질문을 추가하자 학생들은 생각을 더 확장해 이야기해 주었다.

"또 어떤 감정이 들었을까?"

"사람들과 공감이 힘들어 소외감을 느낄 것 같기도 해요."

서로 오고 가는 질문과 대화 속에서 학생들은 스스로 '공감'이라는 단어를 찾아 사회에서 공감이 중요한 이유로 이야기를 확장했다.

또 질문할 때 몇 가지 주의해야 할 사항이 있다. 질문하는 사람이 "또 있어?"를 계속해서 반복하다 보면 상대방은 압박당하는 느낌을 받을 수 있다. 그러므로 직전에 들은 대답에서 대화를 좀 더 이끌고 싶은 포인트를 찾아 적절하게 사용하면 좋다. 또한 한 번의 대화에서 3~4번 정도로 사용을 제한하는 것이 적당하다. 또 질문은 다음과 같이 활용할 수 있다.

> "또 다른 생각(의견)이나 경험이 있어?"
> "지금 해준 이야기에 덧붙이고 싶은 게 또 있어?"
> "혹시 함께 나누면 좋은 질문이 더 있어?"

좀 더 깊은 대화를 이끌고 싶을 때 또 질문을 활용해 의견을 나누어보면 좋다. 혼자 머릿속으로 완벽한 답을 찾으려 고민하기보다 생각을 꺼내놓고 또 무엇이 있는지 이야기를 나누면 대화의 폭이 더 넓어지고 새로운 관점도 발견할 수 있다.

정의 질문, OOO은 무엇을 말하니?

사람마다 표현된 같은 단어, 같은 문장이라도 생각하는 내용이 다를 수 있다. 누군가 "토론이 어렵다"라고 말한다면 '어렵다'라는 기준이 각각 다르기 때문이다.

A 학생은 다른 사람 앞에서 말하기가 어렵다고 생각하고, B 학

생은 주제 자체가 어렵다고 생각한다. 또, C 학생은 내 생각을 조리 있게 표현하기가 어렵다고 생각한다. 그래서 질문하는 사람은 '어렵다'는 것이 무엇을 의미하는지 질문해야 상대방이 생각하는 정확한 의미의 답을 얻을 수 있다.

지레짐작으로 질문하지 않으면 자칫 잘못된 해석으로 이어질 수 있다. 이런 오해를 막기 위해서는 질문하는 사람은 상대방에게 무슨 뜻인지, 어떤 의미인지 다시 한번 질문해야 한다. 이때 활용할 수 있는 질문이 바로 '정의' 질문이다.

정의 질문을 활용하는 방법은 간단하다. 상대방의 말이나 표현이 모호하다면 그 사람이 쓴 단어를 그대로 활용하여 질문하면 된다. 다음은 정의 질문의 기본적인 형식이다.

> "네가 생각한 ○○은 무엇이니?"
> "○○○은 네게 어떤 의미가 있어?"
> "너는 ○○○을 무엇이라고 생각하니?"

다음의 예시를 통해 정의 질문을 활용한 대화를 연습해 보자.

> "우리 반은 단합이 필요한 것 같아."
> → "네가 생각한 '단합'은 무엇이니?"
> "우리에게 우정은 소중한 것 같아."
> → "'우정'은 네게 어떤 의미가 있어?"

> "이건 공평하지 않아."
>
> → "너는 '공평'을 무엇이라고 생각하니?"

정의 질문을 활용하면 추상적이거나 모호한 표현을 더 명확하게 이해할 수 있고, 잘못된 해석이나 오해를 줄일 수 있다. 이때 질문자는 공격하듯이 물어보지 않고 정중하게 물어보면서 더 이해하고 싶다는 느낌을 전달해야 한다. 그렇지 않으면 자칫 상대방의 감정이 상해 오해하거나 대화가 어렵게 진행되기도 한다.

정의 질문은 대화의 마지막에 생각을 정리하는 차원에서 활용하기도 한다. 예를 들어, '공평'이라는 주제로 대화를 나누고 마무리할 때 "오늘 대화를 통해 내가 생각하는 '공평'이란 무엇인지 각자 정리해서 말해주세요."로 진행할 수 있다.

만약에 질문, 만약에 OOO이라면 어떻게 할 거야?

"만약에 네가 주인공이라면 어떨까?"처럼 토론하다 보면 가정해서 이야기하고 싶을 때가 생긴다. 다양한 가정을 만들다 보면 재미있는 대화 소재들을 찾을 수 있다. 내 생각의 한계를 뛰어넘기 위해서 '만약에' 질문을 활용하기도 한다. 만약에 질문은 제약을 넘어 즐거운 상상의 이야기로 확장할 수 있다.

"만약에 네가 마법을 가질 수 있다면 어떻게 해결할 거야?"

"만약에 네가 부자라면 어떻게 살고 싶어?"

새로운 관점에서 이야기를 나누고 싶을 때도 만약에 질문을 활용하기도 한다. 평소 생각해 보지 못한 상대방의 입장에서 생각해 볼 수 있다.

"만약에 네가 선생님(부모님)이라면 어떻게 생각할까?"

또 만약에 질문은 새로운 관점에서 상상하며 유쾌한 대화를 이끌 수 있다.

"만약에 10년 후 미래로 간다면 우리 반 친구들은 어떤 모습일까?"

"만약에 AI가 완전히 우리 일상에 들어온다면 우리의 공부 방식은 어떻게 바뀔까?"

이렇듯 만약에 질문은 색다른 재미, 생각의 확장, 의외의 관점을 만들어내는 조미료 같은 질문이다. 만약에 질문은 정답이 없기 때문에 대답하는 데 부담이 적다. 친구들과 즐거운 상상을 하며 생각의 한계를 뛰어넘어 마음껏 확장해 볼 수 있는 대화를 할 수 있다. 단조로운 대화로 흥미를 잃어갈 때, 새로운 대화 주제가 필요할 때 만약에 질문을 활용해 보자. 의외의 대화가 만들어지면서 토론의 흥미를 북돋울 수 있다.

질문을 만드는 법

질문 만들기를 처음 접하는 학생들은 방법을 모르거나 잘 만들어야 한다는 부담감 때문에 주저할 수 있다. 교사는 이런 학생들을 위해 질문을 자유롭게 만들 수 있는 환경을 조성해 주고 적절한 도움을 제공해 주어야 한다. 다음과 같은 방법을 사용하면 의외로 학생들이 질문을 잘 만들어 사용하는 것을 볼 수 있다.

핵심 단어를 활용하여 질문 발산하기

책을 읽은 후 함께 토론 질문을 만들 때 먼저, 교사는 학생들에게 자유롭게 질문을 작성해 보라고 안내한다. 만약 질문 만들기를 어려워한다면 교사는 이야기를 나누면서 찾은 핵심 단어들이 주제어 역할을 해서 디딤돌이 될 수 있다고 알려준다. 이때 학생들은 본인이 찾은 핵심 단어뿐만 아니라 다른 친구들이 찾은 핵심 단어도 활용할 수 있다. 교사가 미리 3~4개의 질문을 만들어 예시로 보여주면 학생들이 질문을 만들 때 도움이 된다.

학생들이 편안하게 질문을 만들기 위해서는 여러 질문을 작성한 후 그중에서 토론에 적합한 질문을 선정하는 과정이 필요하다. 교사는 다른 학생들의 질문을 판단하거나 내 질문에 대해 친구들이 어떻게 생각할지 고민하지 않고 자유롭게 질문을 만들어야 한다는 점을 강조하면 좋다.

✤ 진행 방식

1. 4~6명으로 구성된 모둠 책상 위에 4절지나 전지 반 장을 놓는다.
2. 각자 핵심 단어를 활용하여 3분 안에 2개 이상 질문을 만들고 책상 위 종이에 붙인다.
3. 만들어진 질문 중에서 설명이 필요하거나 이해가 안 되는 것이 있다면 서로 질문하고 답하게 한다.
4. 맥락과 의미가 비슷한 질문은 아래쪽으로, 다르면 옆쪽으로 구분하여 붙인다. 모은 질문 위에 관통하는 제목을 붙일 수 있다. (이 단계는 시간 관계상 생략이 가능하다.)
5. 투표 시 1인당 3개씩 스티커를 주고 '함께 이야기 나누고 싶은 질문'에 투표하게 한다. 투표 결과를 바탕으로 모둠마다 질문은 2개씩 선택한다.

6. 선택된 질문 2개 중 1개를 전체 앞에서 공유한다. 앞 모둠 질문과 내용이 겹치지 않도록 조정한다.

♥ **모둠끼리 경쟁하기**: 모둠들이 서로 많은 질문을 만들 수 있도록 정해진 시간 안에 경쟁적인 환경을 제공하는 게임 요소를 더할 수 있다.
질문 보태기: 모둠마다 고른 핵심 단어 2~3개를 4절지를 활용하여 벽에 전시한다. 학생들에게 접착 메모지 여러 장을 나누어주고 자유롭게 돌아다니며 다른 모둠의 핵심 단어로 질문을 만들도록 안내한다. 이후 모둠 안으로 가져와 작성된 질문을 살펴보며 추가로 떠오른 질문을 1인당 2개 이상 작성하게 한다.

다음 페이지의 위쪽 자료는 학생들이 각자 5분 동안 질문을 2~3개 작성한 후 모둠 안에서 서로의 질문을 참고하여 추가로 질문을 만든 사례이다. 아래쪽 자료는 비슷한 질문끼리 모으고 제목을 붙여준 결과물이다. 학생들은 질문 유목화 과정으로 토론 결과를 한눈에 파악할 수 있고 토론할 질문을 훨씬 수월하게 선택했다.

핵심 단어에 의문사를 더하여 질문 만들기

"핵심 단어를 활용하여 질문 만들기를 안내해도 학생들이 어려워할 때 어떻게 도울 수 있을까요?"

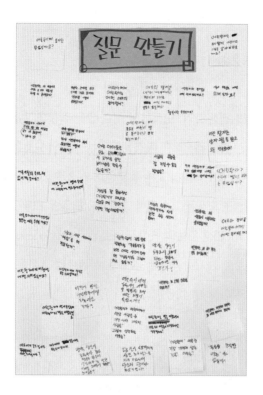

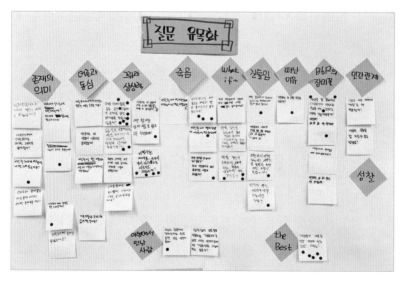

"다양한 관점으로 생각해 보기 위한 질문은 어떻게 만들 수 있을까요?"

이런 고민이 있다면 누가Who, 언제When, 어디서Where, 무엇을 What, 어떻게How, 왜Why, 만약에If를 추가해서 질문을 만들 수 있다. 다음은 '행복'이라는 핵심 단어와 의문사, 만약에를 활용한 질문이다.

> "어떤 사람과 함께할 때 행복한가?"
>
> "내가 행복한 순간은 언제인가?"
>
> "내가 행복을 느끼는 장소는 어디인가?"
>
> "행복이란 무엇인가?"
>
> "어떻게 행복할 수 있는가?"
>
> "행복은 왜 필요한가?"
>
> "만약에, 행복이란 감정이 사라진다면 어떻게 해야 하나?"

학생이 찾은 핵심 단어를 활용하여 예시를 보여주면 질문 만들기가 쉬워진다. 먼저, 핵심 단어를 둘러보고 1개를 선택한 후 의문사와 만약에를 연결하여 접착 메모지에 질문 2~3개를 작성하도록 안내한다. 각 의문사를 붙여놓고 그 밑에 만든 질문을 붙일 수도 있다. 이렇게 하면 어떤 의문사를 주로 활용하는지 한눈에 파악할 수 있고 더 다양한 질문을 만들도록 독려할 수 있다.

• 누가(Who): 자신 혹은 주변 사람이나 인물에 대한 질문을 할

때 사용하고 그들의 역할이나 관계, 행동에 대해 알아보려는 의도를 담고 있다.

- 언제(When): 사건이나 행동이 발생한 시점, 기간 또는 특정한 시간대를 물을 때 사용되며 본인의 경험과 연결하면 도움이 된다.
- 어디서(Where): 특정 장소와 관련된 상황이나 맥락을 설명할 때 사용된다. 또는 시간적 의미를 포함하여 사회 문화적 배경을 질문할 때 활용할 수 있다.
- 무엇을(What): 개념 및 사건 등에 대한 질문을 할 때 주제에 대한 명확한 이해를 돕기 위해 사용된다. 핵심 단어가 추상 명사일 경우 그 단어에 대한 각자의 정의를 묻는 질문을 만들 수 있다.
- 왜(Why): 이유나 목적을 묻는 질문에 적합하다. 사건의 배경, 동기 또는 상대방의 의도나 숨겨진 생각을 탐색할 때 효과적이다.
- 어떻게(How): 방법이나 해결 과정에 관한 질문을 만들 때 사용된다.
- 만약에 ~라면(If): 상상력을 자극하여 현재의 한계를 뛰어넘는 자유롭고 창의적인 사고를 촉진할 수 있다.

다음 페이지의 자료와 같이 '6개의 의문사와 만약에'에 해당하는 질문을 칠판에 붙여놓고 고등학생들에게 질문을 2개씩 만들어보라고 안내했더니 6명이 모두 3분 안에 2~3개 질문을 수월하게 만들어냈다. 활동에 참여한 한 학생은 "핵심 단어에 의문사를 더해 만들

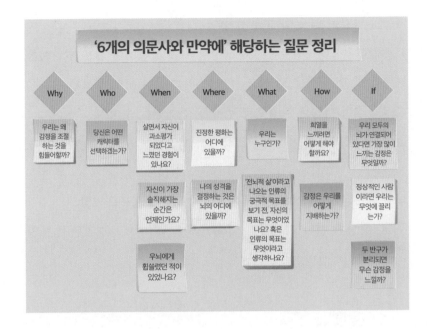

'6개의 의문사와 만약에' 해당하는 질문 정리

Why 우리는 왜 감정을 조절하는 것을 힘들어할까?

Who 당신은 어떤 캐릭터를 선택하겠는가?

When 살면서 자신이 과소평가 되었다고 느꼈던 경험이 있나요? / 자신이 가장 솔직해지는 순간은 언제인가요? / 우뇌에게 휩쓸렸던 적이 있었나요?

Where 진정한 평화는 어디에 있을까? / 나의 성격을 결정하는 것은 뇌의 어디에 있을까?

What 우리는 누구인가? / '전뇌적 삶'이라고 나오는 인류의 궁극적 목표를 보기 전, 자신의 목표는 무엇이었나요? 혹은 인류의 목표는 무엇이라고 생각하나요?

How 희열을 느끼려면 어떻게 해야 할까요? / 감정은 우리를 어떻게 지배하는가?

If 우리 모두의 뇌가 연결되어 있다면 가장 많이 느끼는 감정은 무엇일까? / 정상적인 사람이라면 우리는 무엇에 끌리는가? / 두 반구가 분리되면 무슨 감정을 느낄까?

어보니 질문을 어떻게 만들면 될지 더 쉽게 감을 잡을 수 있어서 좋았다."라고 소감을 밝혔다.

생성형 AI를 활용하여 질문 만들기

우리가 살고 있는 세상은 인공지능 기술의 발전으로 인해 빠르게 변화하고 있다. 최근 생성형 AI 기술의 발전으로 교육 분야에서도 다양한 활용 사례가 등장하고 있다. 앞으로 생성형 AI 기술은 학생들이 미래 사회에 필요한 역량을 갖출 수 있도록 교육 현장에서 인공지능의 역할이 더욱 확대될 것이다.

　에르디아 비경쟁토론에서 생성형 AI를 활용하여 질문 만들기를 진행할 때 먼저, 스스로 질문을 만든 후 생성형 AI로 생성된 질문을 디딤돌 삼아 다양한 관점으로 추가 질문을 만들 수 있다.

　다음은 미하엘 엔데의《모모》에서 제안하는 프롬프트 예시이다.

✤ 에르디아 비경쟁토론에서 활용할 수 있는 프롬프트 방법

1. 생성형 AI의 기본적인 이해 수준을 파악하고 정확한 정보인지 확인한다.

> **Example**
>
> 너와 함께 토론 질문을 만들어보고 싶어. 미하엘 엔데의《모모》라는 책을 알고 있니?

2. 학생들이 먼저 만들어놓은 질문 예시를 통해 다양한 관점을 탐구할 수 있도록 도와준다.

> **Example**
>
> 인간관계에 대해 더 깊이 탐구하고 싶어. '좋은 친구란 무엇인가?'라는 질문이 떠오르는데 너는 어떤 질문들을 제안하고 싶니?

3. 후속 질문으로 관련 질문을 심화하거나 확장해서 깊이 있는 질문을 유도한다.

Example

디지털 시대의 인간관계에 관해 이야기하고 싶어. '우리는 왜 디지털 시대에 많은 관계를 맺으면서도 더 외로움을 느낄까?'라는 질문이 마음에 들어. 이 질문을 핵심 질문으로 삼고 후속 질문들을 만들어볼래?

♥ "이 질문 정말 좋아! 고마워. 이와 관련된 다른 질문도 제안해 줄 수 있을까?"와 같이 생성형 AI가 제시한 답변이나 질문에 질문자가 긍정적으로 반응하고 추가 질문을 하면 대화가 더 자연스러워진다. 이를 통해 생성형 AI가 상황을 더 잘 이해하게 되어 더 정확하고 상세한 답변을 얻을 수 있다.

생성형 AI가 제시한 정보를 확인한 후 잘못된 답변을 했을 때는 "이 답변에 일부 맞지 않는 부분이 있어. 다시 검토해 줄래? 특히 [틀린 부분]을 다시 확인해 줘."라고 오류를 구체적으로 지적하고 정확한 답변을 재요청하는 것이 좋다.

"먼저, 소셜 미디어가 인간관계에 미치는 긍정적인 영향을 설명해 줄래. 그다음에 부정적인 면도 다루어줄 수 있어?" 이처럼 생성형 AI가 깊이 있는 답변을 할 수 있도록 질문을 여러 단계로 나누어 제시하면 더 체계적이고 논리적인 답변을 얻을 수 있다.

고등학생들과 함께 《모모》를 읽고 난 후 생성형 AI 앱을 활용해 보았다. 학생들은 AI 앱을 이용해 '시간에 대한 현대인의 태도', '시간 관리의 중요성', '시간 절약과 여유로운 삶의 균형' 등의 핵심 단어를 바탕으로 질문을 만들고 토론을 진행했다.

토론 후 학생들은 "책의 핵심 단어로 질문을 만들어보고, AI로 질문을 만들어보니 책을 한층 더 깊이 있게 이해할 수 있었다."라는 후기를 남겼다. 또한 "뤼튼을 사용하여 빠르게 변화하는 현대 사회 속 우리가 어떤 가치관을 가져야 하는가에 관해 써보고, 자기의 가치관을 형성해야 한다는 결과를 도출해 내었다."라는 소감을 적었다.

이처럼 생성형 AI 앱을 활용하여 질문 만들기를 하면 더 풍부하고 깊이 있는 토론을 할 수 있다. 하지만 학생들이 생성형 AI 앱을 지나치게 의지하면 자신만의 생각을 충분히 발전시키지 못하고 생성형 AI가 제공한 질문에 의존하게 될 수 있다. 따라서 교사는 생성형 AI가 학생들의 주체적인 학습 경험을 방해하지 않도록 주의하고 토론을 지원하는 도구로 활용해야 한다.

학번	20913	이름	안○○

　　《모모》라는 책을 처음 알게 되고 왜 어른들을 위한 고전 소설이라는 별명이 붙었는지 잘 알게 되었다. 처음에는 모모가 하는 일이나 회색 신사들이 무슨 일을 하는지 잘 이해가 가지 않았지만 AI를 통해 진정으로 《모모》라는 책이 무엇을 보여주고 싶은지 알게 되었다. 그 뒤로 토론하며 신박한 질문과 어려운 질문에 답을 고민해 가면서 시간에 대한 생각과 소통에 대한 생각의 폭을 넓힐 수 있어서 좋은 경험이라고 생각하였다. 모모가 그러했던 것처럼 주변 친구들과 서로 경청하고 신뢰하며 살아야 하고, 시간에 대해서 여유를 가지고 발전해 가는 사회에서도 잘 살아가야겠다고 생각했다.

《모모》를 읽고 소감 나누기 활동을 한 사례

토론하기 전 안내 사항

    1년 이상 에르디아 비경쟁토론을 경험한 학생들에게 모두가 참여하여 토론하기에 적합한 질문의 기준이 무엇인지 물어보았더니 다음과 같이 답변했다.

> • 상대방의 느낌, 감정의 원인이나 이유를 묻는 질문
>
> • 상대의 입장에서 생각하게 만드는 질문
>
> • 많은 사람에게 물어볼수록 풍성한 답을 얻을 수 있는 질문
>
> • 다음 질문을 이끌어낼 수 있는 질문
>
> • 질문을 받고 대답하는 사람을 배려하는 질문
>
> • 한 번도 생각해 보지 않았던, 그래서 오랫동안 생각해 볼 수 있는 질문

학생들이 만든 질문으로 토론하기 어려울 때 스스로 질문을 수정할 수 있는 기회를 제공한다. 학생들은 이 경험으로 질문 만들기에 익숙해지면 질문을 선택하고 순서를 배열하여 대화의 깊이를 더할 수 있다.

학생 스스로 질문을 수정할 수 있도록 촉진하기

"학생들이 만든 질문을 토론에 적합한 질문으로 바꾸고 싶은데 어떻게 알려주어야 할지 막막해요."

"학생들이 만든 질문이 토론하기에 부적합할 때 그래도 그 질문으로 토론을 진행해야 할까요?"

학생이 직접 만든 질문을 교사가 임의로 바꾼다면 학생은 존중받지 못한다고 느낄 수 있다. 학생들이 만든 질문을 스스로 수정할 때 질문하는 방법을 배울 수 있다.

다음은 고등학생이 라스칼이 쓴 《오리건의 여행》을 읽고 만든 질문을 수정한 사례이다. 이때 교사는 '닫힌 질문을 열린 질문으로 바꾸기', '질문에 이유 추가하기', '다양한 관점 고려하기'라는 기준을 덧붙이면 좋다.

○ 닫힌 질문을 열린 질문으로 바꾸기

닫힌 질문은 '네', '아니오'로 대답이 끝나 대화가 이어지기 어렵다. '무엇을, 어떻게'를 추가해 열린 질문으로 바꾼다.

> 오리건이 떠나자고 하면 떠날 것인가?
> → 오리건이 떠나자고 하면 어떻게 할 것인가?
>
> 등장인물에게 배울 점이 있니?
> → 등장인물에게 배울 점은 무엇이 있을까?

○ 질문에 이유 추가하기

질문에 이유를 덧붙이면 답변이 구체적이고 풍부해지며 깊이 있는 사고를 하도록 유도할 수 있다.

> 당신은 누군가 정해주는 삶과 스스로 계획해 가는 삶 중 어떤 것이 끌리나요?
> → 당신은 누군가 정해주는 삶과 스스로 계획해 가는 삶 중 어떤 것이 끌리나요? 그렇게 생각하는 이유는 무엇인가요?
>
> 듀크에게 오리건은 어떤 존재일까요?
> → 듀크에게 오리건은 어떤 존재일까요? 그렇게 생각하는 이유는 무엇인가요?

● 다양한 관점 고려하기

질문이 수정될 때 다양한 관점을 수용할 수 있도록 한다.

> 듀크는 오리건을 사랑했나요?
>
> → 듀크에게 오리건은 어떤 의미일까요?

> 곰 오리건이 오리건주로 가고 싶은 이유가 자유로워지고 싶
> 었기 때문일까요?
>
> → 곰 오리건은 왜 오리건주로 가고 싶어 했을까요?

질문 수정 방법을 설명한 후 학생들에게 자신이 만든 질문을 다시 살펴보게 하면 '아하' 하고 깨닫는 순간을 마주한 학생들을 볼 수 있다. 학생이 직접 만든 질문을 스스로 수정하고 개선하면 질문하는 능력과 생각하는 힘까지 길러낼 수 있다.

질문 순서를 정하도록 촉진하기

질문 순서 정하기는 대화의 흐름과 구조를 이해할 수 있는 좋은 방법이다. 만든 질문들을 나열해 순서를 이리저리 바꾸어보는 과정에서 학생들은 자연스레 질문의 중요성과 연관성을 파악할 수 있다.

교사는 어떻게 순서를 정해야 할지 몰라 학생들이 어려워하는

경우 "어떤 질문부터 토론하면 자기 생각을 편하게 말할 수 있을지 고민해 보면서 순서를 정해보세요."라고 안내하면 좋다. 이 활동을 통해 학생들은 질문으로 대화의 흐름을 설계할 수 있다.

✦ 진행 방식

1. '지금 함께 이야기하고 싶은 질문'이나 '서로에게 도움이 될 수 있는 질문' 기준으로 1인당 3개씩 스티커로 투표하게 한다.
2. 스티커가 많이 붙은 기준으로 질문 4개 정도를 아래로 옮기고 순서를 바꾸어본다.
3. 질문들이 자연스럽게 이어지지 않을 때는 투표를 받지 못한 질문 중에서 뽑아 선정된 질문 사이에 배치해 보면서 대화의 흐름을 만들어보거나 새롭게 추가할 수 있다.
4. 모둠 안에서 정해진 질문 순서대로 돌아가면서 접착 메모지에 본인의 의견을 작성한 후 이야기할 수 있도록 안내한다.
5. 끝으로 활동 경험 혹은 소감을 이야기할 수 있도록 안내한다.

다음 페이지의 자료는 첫 번째 질문으로 토론하는 중 '동심'이라는 단어의 의미를 함께 논의해 보면 좋겠다는 학생들의 의견을 반영하여 추가 질문을 만들어 진행한 사례이다. 학생들은 "어떤 질문부터 할지 고민하는 순간도 생각보다 의미 있었고, 질문의 순서를 정하고 친구들 의견을 차근히 들으면서 생각을 정리하기에 좋았다."라고 소감을 말했다.

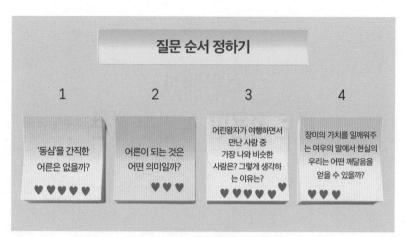

질문을 투표한 후 순서를 배치한 사례

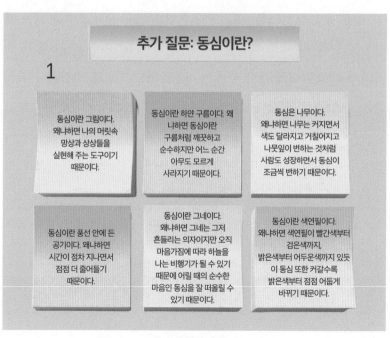

추가 질문 사례

수업에서
바로 적용할 수 있는 질문

좋은 질문을 만드는 데도 단계가 필요하다. 마치 요리를 배울 때 처음에는 레시피대로 재료를 준비하고 순서를 따라가다가 점차 요리의 원리를 이해하고 난 후에는 자신만의 스타일로 변형해 음식을 만들 수 있는 것과 같다.

구조화된 질문법은 질문 초보자에게 레시피를 제공하고 옆에서 조언해 주는 역할을 한다. 학생들은 처음에는 제시한 질문법으로 정형화된 질문을 따라 하지만 점차 질문의 원리를 이해하고 난 후에는 스스로 창의적인 질문을 만들어낼 수 있다. 구조화된 질문법이 필요한 이유는 다음과 같다.

첫째, 즉각적인 활용이 가능하다. 이미 만들어진 구조화된 질문법을 사용하면 질문 만들기에 대한 부담을 덜 수 있고 수업에 즉시 적용할 수 있다. 이에 따라 수업 계획을 짜는 시간을 줄일 수 있어 교사는 학습 목표에 집중할 수 있다.

둘째, 체계적이고 깊이 있는 이해를 촉진할 수 있다. 각 질문법의 구조는 학생들이 문제를 단계적으로 분석하고 이해하도록 돕는다.

셋째, 사고 확장 및 비판적 사고를 할 수 있다. 구조화된 질문이 제공하는 명확한 틀은 학생들이 다양한 관점에서 문제를 바라보도록 유도한다.

문제 해결을 돕는 질문법, 3W1H

3W1H 질문법은 Who(누구의 문제야?), Why(왜 문제야?), What(무엇을 원해?), How(어떻게 해결할까?)로 구성된다. 이 질문법은 학생들에게 구조화된 문제 해결 과정을 제공하여 체계적으로 접근하도록 한다. 단계별로 문제를 해결해 나가는 과정에서 근본 원인과 목표를 명확히 하고 실행할 수 있는 계획을 수립함으로써 학생들이 문제를 해결하는 데 필요한 질문법이다. 3W1H 질문법은 다음과 같이 활용할 수 있다.

- Who(누구의 문제야?): 문제의 주체를 명확히 하면 문제를 둘러싼 사람을 정확히 파악할 수 있다.
- Why(왜 문제야?): 문제의 원인에 더 집중하면 표면적인 증상보다는 근본 원인을 알 수 있고 문제를 다각도로 분석하고 이해

하는 데 도움이 된다.

- What(무엇을 원해?): 목표를 설정하면 문제 해결에 대한 동기와 의욕을 높일 수 있다.
- How(어떻게 해결할까?): 구체적인 해결 방안을 모색하고 실행 계획을 수립해 실질적인 문제 해결이 가능하다.

정하영 작가가 쓴《왜 내가 치워야 돼》를 읽고 환경에 관한 주제로 초등 3학년 학생들과 이야기를 나눈 적이 있다. 3W1H 질문법을 적용하면 문제 해결 과정에서 체계적이고 효과적인 접근이 가능하다. 단계별로 나누었던 구체적인 사례와 프로그램은 다음과 같다.

◉ Who (누구의 문제야?)

- 상황: 이 문제에 영향을 준 주인공이 누구인지 생각해 본다.
- 질문: 서로 치우지 않아 빗물에 쓸려간 쓰레기가 연어 배에서 나왔는데 누구의 문제일까?
- 반응: 그리의 문제이다. 이유는 그리가 먼저 쓰레기를 치우지 않았기 때문이다. / 둘 다의 문제이다. 그리가 먼저 많이 쌓인 설거지를 모르는 척했지만 즐리도 복수하며 나중에 쓰레기가 산처럼 쌓였기 때문이다.

◉ Why (왜 문제야?)

- 상황: 이 문제가 왜 중요한지, 그리고 원인이 무엇인지 생각

해 본다.

- 질문: 즐리와 그리가 서로 쓰레기를 안 치운 것이 왜 문제가 될까?
- 반응: 곰팡이가 생길 수도 있고 집에 쓰레기가 쌓이기도 한다. / 서로 돕지 않고 배려심이 적고 책임감이 부족하고 쓰레기를 치울 생각이 없고 지혜가 없다.

⊙ What (무엇을 원해?)

- 상황: 이 문제를 해결했을 때 얻고자 하는 목표를 설정한다.
- 질문: 원하는 결과는 무엇일까?
- 반응: 서로 배려하며 사이좋게 쓰레기를 없애며 행복하게 살면 좋겠다. / 서로 미루지 않고 해야 할 일을 먼저하고 하고 싶은 일을 한다. / 쓰레기가 사라지면 집이 깨끗해지니깐 집을 깨끗하게 유지하면 좋겠다.

⊙ How (어떻게 해결할까?)

- 상황: 문제를 해결할 방법을 찾아본다.
- 질문: 어떻게 하면 쓰레기를 줄일 수 있을까?
- 반응: 일회용품 비닐을 여러 번 쓴다. / 버려진 쓰레기를 모아 재활용을 해서 새로운 물건을 다시 만든다. / 음식을 되도록 많이 시키지 말자.

긍정 탐구 4D 질문법

긍정 탐구Appreciative Inquiry란 문제가 발생했을 때 문제의 발생 원인보다 우리의 강점, 긍정적인 요소에 집중해서 문제를 해결하는 방법론이다. 이 방법론은 데이비드 쿠퍼라이더 교수에 의해 발전되었다.

강점을 활용한 새로운 문제 해결 아이디어가 필요하다면 '긍정 탐구 4D 질문법'을 추천한다. 이 질문법은 발견하기Discover, 꿈꾸기 Dream, 설계하기Design, 실행하기Destiny 4단계로 이루어져 있다.

◐ 발견하기(Discover) 단계

우리가 가진 긍정적인 부분을 함께 발견해 보는 단계이다. 강점을 발견하기 위한 질문은 다음과 같다.

> "네가 잘하는 것, 너의 강점은 뭐니?"
> "자랑하고 싶거나 잘했던 경험을 생각해 봐. 어떤 점이 좋은 결과를 만들었어?"
> "미래의 잘된 모습을 상상해 줘. 너의 어떤 모습이 자랑스러울까?"

이런 질문은 혼자 생각하기보다는 짝꿍과 함께 대화하는 것이 더 좋다. 짝꿍이 질문하고 대답을 들으면서 강점을 대신 발견해 주는 것이다. 여기서 발견된 강점들은 아이디어를 낼 때 활용할 수 있는 좋은 재료가 된다.

● 꿈꾸기(Dream) 단계

두 번째는 원하는 모습을 명확하게 그려보는 단계이다. 원하는
것이 명확해야 그것을 달성할 구체적인 아이디어를 얻을 수 있다.

> "네가 원하는 것은 뭐야?"
>
> "네가 바라는 모습 혹은 상태는 어떤 거야?"

이런 질문을 활용하면 무엇을 원하는지 들을 수 있다. 다만 본
인이 원하는 것이 무엇인지 잘 모를 경우 답변하기 어렵다. 이런 경
우 적절한 예시를 활용하면 학생들이 조금 더 쉽게 답변할 수 있다.

가령 "네가 원하는 토론 수업은 어떤 거야?"라는 질문에 답변하
기 어려워하는 학생들이 있다면 "모두가 쉽게 참여하는 수업을 원
해? 또는 답변하고 싶은 사람만 참여하고 듣기만 해도 괜찮은 수업
을 원해?"라는 선택지를 주면서 원하는 것을 고르게 하는 것도 방법
이다. 다소 모호한 답변들이 오고 가는 상황이라면 조금 더 구체적으
로 표현하도록 돕는 질문을 할 수 있다.

> "네가 원하는 모습을 좀 더 구체적으로 표현해 줄래?"
>
> "네가 원하는 상태를 하나의 이야기로 예를 들어줄래?"

이런 질문들을 활용하면 학생들이 조금 더 구체적으로 원하는 모습을 꿈꿀 수 있다. 두 번째 단계에서는 원하는 것과 바라는 모습에 관한 이야기를 편하게 표현하는 것만으로 충분히 의미가 있다.

● 디자인하기(Design) 단계

세 번째는 구체적으로 어떻게 실행할지 아이디어를 만드는 단계이다. 먼저, 아이디어를 내기 전에 질문을 준비해야 한다.

"어떻게 하면 ○○○ 할 수 있을까?" 형식의 질문으로 만들어보자. 예를 들면 "어떻게 하면 모든 사람이 자유롭게 자신의 의견을 표현할 수 있을까?"라는 질문을 두고 아이디어를 낼 수 있다.

이때 구체적인 질문일수록 아이디어도 구체적으로 나올 수 있다. 그래서 주제와 상황에 맞게 구체적인 질문을 만드는 것이 중요하다. 질문이 준비되었다면 이제 최대한 많은 아이디어가 나올 수 있는 규칙을 준비해야 한다. 아이디어 내기 규칙은 다음과 같다.

> • 어떤 아이디어도 비판하지 않기
> • 누구나 알고 있는 평범한 아이디어부터 현실성이 없는 미친 아이디어까지 자유롭게 내기
> • 질보다는 양. 많은 아이디어 내기
> • 다른 사람이 낸 아이디어를 보고 떠오르는 아이디어 추가하기

이런 규칙은 아이디어를 낼 때 매우 중요하다. 규칙을 잘 설명한 다음 자유롭게 아이디어를 낼 수 있는 분위기를 만든다면 다양한 의견을 얻을 수 있다. 이렇게 많은 생각이 나왔다면 참여자들은 이 중에서 실행해 보고 싶은 아이디어를 선정한다.

○ 실행하기(Destiny) 단계

마지막은 구체화한 아이디어를 가지고 계획을 세우고 지속해서 실행할 수 있는 방법을 찾는 단계이다. 이 과정에서는 다음과 같은 질문으로 대화를 나눌 수 있다.

> "원하는 모습을 달성하기 위해서 구체적으로 어떤 행동을 해야 할까?"
> "우리가 모두 함께 참여하기 위해서 무엇이 필요할까?"
> "지속적인 실천을 위해 어떻게 개선할까?"

이 질문들을 가지고 이야기하다 보면 실천 계획을 구체적으로 세울 수 있고, 지속 가능한 방법들을 찾을 수 있다. 한 번의 실천으로 끝내기보다 부족한 점을 찾아서 개선하고 다시 새로운 실천 계획을 세우는 과정을 반복하면 좋다.

긍정 탐구 4D 질문법은 문제를 해결할 새로운 아이디어가 필요할 때 활용할 수 있다. 이 방법은 각자 가진 강점과 긍정적인 요인을 발견하고 본인이 바라는 모습을 구체화하여 새로운 실천 아이디어

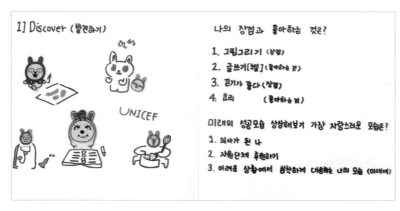

를 찾는 데 도움이 되는 과정이다.

긍정 탐구 4D 질문법을 활용하여 학생들의 꿈과 진로에 활용한 사례를 소개한다. 위의 자료는 초등 6학년들이 미겔 데 세르반테스가 쓴 《돈키호테》를 읽은 후 에르디아 비경쟁토론을 진행하고, '나를 찾는 여행'이라는 주제로 긍정 탐구 4D 질문법을 활용하여 수업한 사례이다.

학생들은 긍정 탐구 4D 질문법에 따라 자신의 강점과 원하는 것

3] Design (설계하기)

원하는 모습을 이루기 위해서 어떻게 해야할까?

1. 의사가 되기 위해서 공부 열심히 하기
   최선을 다하기 (모든 일들)
   성실하게 생활하기

2. 해외 여행을 자주 가기 위해서 세계 여러 나라에
   대해 공부하기
   여러가지 언어와 문화 배우기
   (나라)

3. 요리를 취미로 하기 위해서 요리 배우기
   요리도구 사용방법 알아보기
   여러가지 요리 조사하기

4] Destiney (실행하기)

경 의대 합격 축

in 영국

구체화된 아이디어를 어떻게 실행해야 할까?

1. 의사가 되기 위해서
   - 매일 수학 문제집 5장씩 풀기
   - 학업숙제 미루지 않고 열심히 하기
   - 계획표 세우고 생활하기

2. 세계여행을 자주 가기 위해서
   - 하루에 세계 문화책 1권씩 읽기
   - 세계 여러 나라의 언어와 문화 조사해서 소개서 작성하기

3. 요리를 취미로 하기 위해서
   - 도서관에서 요리에 관한 책 빌려보기
   - 요리 도구의 사용 방법 메모하기
   - 요리책 사서 직접 요리해 보기

을 작성하면서 나를 발견하는 시간을 가졌다. 이를 통해 그 꿈을 실현하기 위한 구체적인 실천 계획을 작성하면서 즐겁게 몰입하는 모습을 보였다. 마지막 단계는 친구들의 발표를 들으며 서로의 꿈을 응원하는 훈훈한 시간으로 마무리했다.

목표 수립을 돕는 GROW 질문법

"학생들 스스로 자기 주도적 학습 능력을 키우는 데 도움이 되는 방법이 있나요?"

"환경과 관련해서 학생들과 프로젝트 수업을 하고 싶은데 에르디아 비경쟁토론을 활용한 방법이 있을까요?"

'GROW 질문법'은 학습의 목표를 명확하게 설정하고 이를 달성하기 위한 구체적인 행동 계획을 세우는 데 유용하다. 이렇게 목표 지향적인 질문은 학생들이 지속해서 성장할 수 있고 체계적으로 문제를 해결하는 능력을 키우는 데 유용한 학습이 될 수 있다.

이 질문법은 목표 설정, 현실 점검, 대안 탐색, 실행 의지로 이어지는 구조적 접근 단계를 제공한다. 학생들에게 이러한 단계를 적용하면 다음과 같은 유익한 부분이 있다.

- 목표Goal 설정: 자신의 목표를 명확하게 이해하고 설정할 수 있도록 도와준다. 이는 단순히 학습 목표에만 국한되지 않고 개인이나 단체의 목표 설정에도 적용될 수 있다.
- 현실Reality 점검: 현재 상황을 정확히 인식하고 현실적인 문제점들을 파악하는 단계이다. 이 과정을 통해 학생들은 자신의 강점과 약점, 사용할 수 있는 자원, 장애물 등을 인식하게 되며 이러한 점검은 문제 해결 과정에서 매우 중요한 역할을 한다.
- 대안Options 탐색: 아이들에게 다양한 해결책을 생각해 보고

평가할 기회를 제공한다. 이는 창의적 사고를 촉진하고 여러 대안 중에서 최선의 선택을 하는 비판적 사고 능력을 발달시킬 수 있다.

- 실행will 의지: 학생들이 실제로 계획을 실행에 옮기도록 돕는다. 이는 학생들이 자신의 목표를 달성하기 위해 필요한 구체적인 행동 계획을 세우고 이를 실행에 옮기는 과정에서 자기 주도적 학습 능력을 키울 수 있게 한다.

이처럼 GROW 질문법은 학생들이 자신의 목표를 향해 나아가는 과정에서 자신의 학습 과정을 더 잘 이해하고 스스로 문제를 해결하는 능력과 책임감을 키우는 데 도움을 준다.

다음은 의류 소비 환경 프로젝트에 GROW 질문법을 적용한 사례이다.

○ 목표(G)

- 설정: 각 모둠은 의류 소비와 관련된 구체적인 목표를 설정한다. 관련 영상과 그림책을 보면서 같은 목표를 설정할 수 있다.
- 질문: 원하는 것이 무엇입니까? / 해결하고 싶은 문제는 무엇입니까?
- 활동: 영상이나 그림책을 보고 난 후 질문에 대한 자기 생각을 접착 메모지에 작성하게 하고 투표해서 모둠마다 목표를 정한다.

○ 현실(R)

- 점검: 얼마나 자주, 어떤 유형의 의류를, 왜 구매하는지 등 현재 의류 소비 습관을 분석한다.
- 질문: 지금 우리는 어떤 상황에 있나요? / 현재 우리는 얼마나 자주 옷을 사고 있나요?
- 활동: 학생들은 선정한 주제를 바탕으로 구매를 유발하는 감정이나 상황을 시각적으로 표현하는 그림을 그린다. 이때 상징적으로 나타낼 수 있는 다양한 방법을 사용하도록 격려한다.

○ 대안(O)

- 탐색: 학생들에게 다양한 해결책을 생각해 보고 평가할 기회를 제공하며 목표 달성을 위해 가능한 여러 방법과 전략을 탐색한다.
- 질문: 목표를 이루기 위해 어떤 방법이 있을까요? / 옷을 적게 사기 위해 할 수 있는 방법은 무엇이 있을까요?
- 활동: 브레인스토밍을 통해 가능한 모든 아이디어를 탐색하고 피쉬 본으로 구조화한다.

○ 실행(W)

- 의지: 선정된 방법을 실천하기 위한 구체적인 실행 계획을 수립한다. 학생들이 매일 또는 매주 실천해야 할 사항을 명확하게 기록하게 하고 실행하도록 독려한다.

- 질문: 이제 우리가 해야 할 일은 무엇인가요? / 어떻게 목표를 달성할 수 있을까요?
- 활동: 선정된 아이디어 중에서 자신이 스스로 실천할 수 있는 활동을 선정하게 한다.

'의류 소비 절제하기'라는 목표를 설정하고 목표와 현재 상황의 차이점을 리치 픽처를 활용하여 토론했다. 옷을 구매하는 이유로 '유행, 친구의 영향, 특별한 행사' 등이 있음을 확인했다.

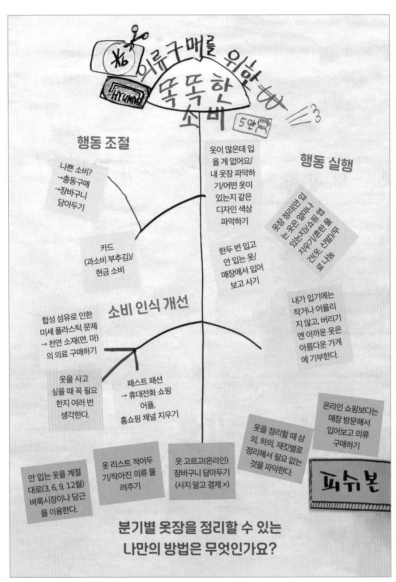

'의류 구매를 위한 똑똑한 소비'에 관한 아이디어를 피쉬 본으로 정리하고, 분기별 옷장을 정리할 수 있는 각자의 실천 방법 및 계획을 세웠다.

4부

아이디어로
생각을 보태다

어떤 생각이든
동등하고 귀중하다

최근 토론 능력은 학교 내신뿐만 아니라 대입, 취업 등 다양한 분야에서 중요한 평가 요소로 작용하고 있다. 토론이 중요한 이유는 비판적 사고력과 의사소통 능력뿐만 아니라 문제 해결에서 협동적 사고까지 다양한 능력이 요구되고 있기 때문이다. 그런데 막상 토론을 접한 학생들은 토론 수업을 꺼린다.

"말해도 어차피 내 의견은 반영이 안 될 거 같아서 안 하고 싶어요."

"저는 준비를 잘했다고 생각했는데 준비도 안 한 말 잘하는 친구가 더 좋게 평가되었어요."

"토론은 몇 명만 하면 되는 거 아니에요?"

대부분 경쟁토론을 한두 번 경험한 학생들의 반응이다.

실제로 토론 수업을 진행하다 보면 시작하기도 전에 부정적인 태도를 보이는 학생이 종종 있다.

"저는 안 하고 싶어요."

"토론 재미없어요."

"안 하면 안 돼요?"

이런 학생들에게 이유를 물어보면 다음과 같이 대답한다.

"저는 틀리는 게 싫어요."

"생각하고 있는데 친구들이 먼저 말해서 저는 할 얘기가 없어요."

"제가 말했는데 친구들이 잘 모르겠대요."

알고 보면 토론이 싫어서가 아니라 정말 잘하고 싶어서 그리고 의견을 잘 전달하고 싶어서 등의 고민이 담겨있다는 것을 알 수 있다.

논리적으로 자신의 의견을 표현하는 경험이 많지 않았던 학생들에게 토론에 대한 긍정적인 경험이 무엇보다 필요하다. 모두가 토론을 잘할 수는 없지만 모두가 이 시간을 즐길 수는 있다.

경쟁만 하는 토론이 아니라 "모두의 생각이 동등하게 귀중하다"라고 여겨지는 토론의 현장을 상상해 보자. 말을 잘 못하고 서툴러도 누구도 소외되지 않고 생각을 말할 수 있는 토론 방법이 있다면 어떨까?

토론으로 생각을 보태고
관점을 넓히다

에르디아 비경쟁토론에서는 다양한 토론 방법을 적절하게 사용하거나 변형하면서 모두가 생각을 자유롭게 제안하고 표현할 수 있도록 돕고 있다. 학생들은 여러 관점에서 보태는 대화를 하다 보면 모두의 의견이 가치 있다는 것을 경험하고 서로의 생각이 존중받고 있다고 느끼며 토론을 즐길 수 있다. 이 과정을 통해 여러 생각이 더해지면서 더욱 창의적으로 사고가 확장되고 서로 함께 배우고 성장한다는 비경쟁토론의 목표를 이룰 수 있다.

여기서는 에르디아 비경쟁토론에서 사용하고 있는 다양한 대화 방법 중에서도 토론에 참여하는 학생 모두가 쉽게 생각을 표현하고 즐겁게 대화하며 생각을 펼칠 수 있는 토론 방법을 소개하고자 한다.

침묵도 토론이 된다, 침묵 토론

토론이라고 하면 말을 하는 것에서 시작한다고 생각하는데 침묵해도 토론이 될까? 편안한 분위기에서 질문을 받으면 학생들은 바로 말하고 싶어 한다. 질문과 대답이 자유롭게 오가는 상황은 교사들이 원하는 이상적인 교실의 모습이다. 하지만 1~2명이 먼저 말한 대답 때문에 아직 생각할 여유를 갖지 못한 학생들이 그 의견에 꽂혀서 본인의 생각을 정리하지 못한다면 문제가 발생한다.

또한 대부분 사람은 말할 차례가 다가오면 조리 있게 말을 잘하고 싶다는 생각에 본인의 의견을 정리하느라 다른 사람의 발언을 온전히 경청하지 못한다. 그래서 토론에 대한 긍정적 경험을 만들기 위해서는 바로 의견을 말하기에 앞서 참여자 모두가 부담 없이 자신의 의견을 잘 표현하는 방법이 필요하다.

전통적인 토론 방식과는 다르게 에르디아 비경쟁토론에서는 모든 학생이 의견을 잘 표현하여 집단지성의 힘을 경험할 수 있도록 '쓰면서 토론'하는 방식이 주로 사용된다. 이렇게 쓰면서 토론하는 이유는 무엇일까? 사람마다 생각의 속도가 다르기 때문에 쓰면서 토론하면 같이 이야기를 시작할 수 있고 다른 사람의 말에 경청할 수 있는 여유가 생긴다.

에르디아 비경쟁토론 방식 중 침묵의 힘을 잘 살린 '침묵 토론'은 본인의 생각을 잘 정리하여 토론할 수 있는 좋은 방법이다. 침묵 토론은 학생들이 말없이 토론 주제에 대해 생각을 정리하고 공유하는 활동이다. 이 방식은 각자의 의견을 깊이 있게 성찰하고 타인의 관점을 존중하는 데 중점을 두고 있다. 침묵 토론은 듣기와 관찰에 초점을 맞추는 대화이다. 이런 활동을 통해 학생들은 다양한 관점을 이해하고 다른 사람의 의견을 보는 것만으로도 생각의 확장을 경험할 수 있다.

침묵 토론은 의견을 말로 바로 표현하기 어려워하는 학생들이나 말을 정리해서 표현하고 싶은 학생들 모두에게 생각을 정리하여 표현할 수 있는 시간을 준다. 그리고 이 활동은 다른 사람의 의견에도 생각이나 의견을 덧붙여서 글로 표현할 기회를 주기 때문에 말을 잘하거나 목소리가 큰 사람들이 주로 주도했던 토론 분위기에서의 긴장감이나 갈등을 줄여준다.

이렇게 다양한 의견을 존중하고 동등하게 참여할 수 있는 환경을 제공하며 침묵 속에서 깊이 있는 사고를 하면 창의적이고 혁신적인 아이디어가 나올 가능성이 높다. 기록으로 남아있어 다른 모둠에서 나온 결과물을 볼 수 있고, '말을 논리적으로 해야 한다'는 부담감에서 벗어나 참여자 모두가 다양한 의견을 표현할 수 있다.

효과적인 침묵 토론 진행을 위해서는 조용하고 방해받지 않는 편안한 환경을 마련하여 학생들이 생각에 집중할 수 있도록 한다. 모둠의 인원을 4~6명 정도로 구성하고 필요한 경우 조용한 음악을 준비한다. 준비물로는 이젤 패드나 전지 반 장, 네임펜, 접착 메모지가 필요하다. 모둠마다 전지 1장에 토론 결과물들을 작성할 수 있도록 교사가 미리 안내하면 좋다.

❖ 진행 방식

1. 침묵 토론을 진행할 명확한 주제를 선정하고 학생들에게 주제를 공유한다.

2. 침묵 토론 규칙을 안내한다. 침묵 토론의 목적과 규칙을 사전에 설명하여 학생들이 이해할 수 있도록 한다. (다른 사람의 의견을 존중하고 비난이나 비판하지 않기, 기다려주기 등)

3. 각 단계에 필요한 토론 시간과 침묵을 유지할 시간을 설정한다. 일반적으로 토론 시간이 25분일 경우 개인 의견 작성 시간 10분, 의견 공유 시간 15분 등으로 배분할 수 있다.

4. 학생들에게 주어진 주제에 대해 생각할 시간을 주고 침묵 시간 동안 각자 주제에 대한 생각을 접착 메모지나 전지에 적어 공유한다. 이 과정에서 서로의 의견을 직접적으로 보며 비언어적 신호로 소통한다.

5. 침묵 시간이 끝나면 학생들이 각자 돌아가면서 의견을 발표한다.

6. 모둠 발표 후 토론 내용을 정리하고 전체 결과를 공유한다.

💜 글로 작성하기 어려운 대상인 경우에는 그림이나 단어로 작성해도 좋다고 안내한다.

다음 페이지의 자료는 학생들이 침묵하면서 생각을 정리하고 있는 모습이다. 참여한 학생들은 "말하지 않고도 토론이 될 수 있다는

접착 메모지에 각자의 생각을 적는 모습

전지에 각자의 생각을 적는 모습

게 신기했어요.", "침묵하면서 방해받지 않고 내 생각을 정리할 수 있어서 좋았어요."라고 소감을 밝혔다. 또 "내가 선택한 질문과 다른 친구들이 선택한 질문에 의견을 작성하면서 다양한 생각을 해 보는 시간이 되었어요.", "한 질문에서 여러 의견이 나올 수 있다는 것을 깨달았고 쓰면서 토론이 될 수 있다는 것을 경험했어요." 등의 반응을 보였다.

대부분 학생은 서로 다른 의견이 존중받는 분위기에서 토론이 진행되어 만족감을 느꼈고, 침묵 속에서 생각할 시간을 가져 다양한 주제에 대해 깊이 있는 토론이 이루어졌다고 말했다. 학생들의 이런 반응과 소감을 종합해 보면 침묵 토론 방식은 학생들이 말하는 것에 대한 부담을 내려놓고 자기 의견을 잘 표현할 수 있는 긍정적인 반응을 불러온다는 것을 알 수 있다.

생각이 꼬리에 꼬리를 무는 브레인스토밍

학생들이 주저하지 않고 생각을 발산하게 할 수 없을까? 생각을 적으라고 하면 주저하며 쓰지 못하는 학생들이 있다. 이럴 때 교사가 먼저 쓴 친구의 생각을 소개하면 좋다.

"다른 친구들이 어떻게 썼는지 살펴보고 적어 보면 어떨까?"

친구들의 의견을 살펴본 학생들은 "아하~" 하면서 자기 생각을 쓰기 시작한다.

시냇물이 흐르다 돌과 흙에 막혀서 물이 고이기 시작할 때 작은 막대기로 한 부분을 건드려주면 구멍이 생기고 그 구멍으로 물이 폭포수같이 쏟아져 흐르는 것을 볼 수 있다. '브레인스토밍'은 두뇌를 빠르게 움직이게 하고 크게 판단하지 않아도 다양한 생각을 쏟아내면서 자유롭게 생각을 발산할 수 있는 토론 방식이다. 딱딱한 형식에 구애받지 않고 생각을 자유롭게 적을 수 있기 때문이다. 그래서 질문에 맞게 다양한 의견을 모을 수 있다.

브레인스토밍을 사용하면 학생들은 협력하면서 각자의 경험에서 다양한 의견과 아이디어를 내고, 떠오른 생각을 거침없이 적다 보면 토론을 즐길 수 있다.

브레인스토밍할 때는 몇 가지 사항을 주의해야 한다.

첫째, 자유로운 분위기에서 많은 생각을 하는 것이 목표이므로 판단이나 비판은 지양한다. 둘째, 분위기와 흐름이 자유로워야 한다. 편안한 분위기에서 자유롭게 생각해야 하기 때문이다. 셋째, 질보다 양이다. 많은 의견을 내면 좋은 생각이 나올 가능성이 크다. 쓰다 보면 다른 친구의 생각을 읽게 되어 새로운 생각을 꼬리에 꼬리를 물듯 많이 만들어낼 수 있다.

브레인스토밍은 다음과 같은 방식으로 진행된다.

✤ 진행 방식

1. 브레인스토밍할 주제를 명확히 설명한다.
2. 주어진 시간 동안 학생들은 자유롭게 생각을 적는다.

3. 질보다는 양이라고 최대한 많은 생각을 적도록 독려하며 생각을 보태어 적게 한다.

4. 기록을 유목화하고 대표 키워드로 정리하여 발표한다.

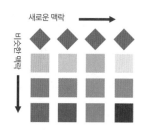

♥ 유목화란 맥락이 비슷한 의견끼리 분류하는 것을 말한다. 유목화를 진행하면 다양한 의견이 일목요연하게 정리되어 한 눈에 쉽게 읽을 수 있다.

✛ 진행 방식

1. 모둠원들의 의견을 공유한 후 의견을 전체적으로 살핀다.

2. 비슷한 의견은 세로로 배열한다.

3. 세로로 배열한 의견들을 총괄하는 제목을 작성하여 위쪽에 붙인다. 제목을 작성할 접착 메모지를 다이아몬드 형태로 배치하면 시각적으로 구분하기 좋다.

4. 전체 공유를 위해 발표한다.

다음 페이지의 위쪽 자료는 고등학생들과 '현대 사회에서 여유로운 삶이 필요한 이유'에 대해 토론을 진행한 결과물이다. 학생들은 '자신을 돌아볼 여유가 필요하기 때문에', '행복하게 살기 위해', '머리를 식힐 시간이 필요하기 때문에', '여유가 있어야 정신적으로 건강하기 때문에', '사람에게 휴식은 필수적이어서' 등의 의견을 내

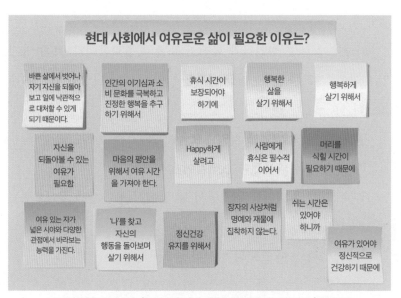

고등학생을 대상으로 '현대 사회에서 여유로운 삶이 필요한 이유'에 대해
토론하고 정리해 놓은 사례

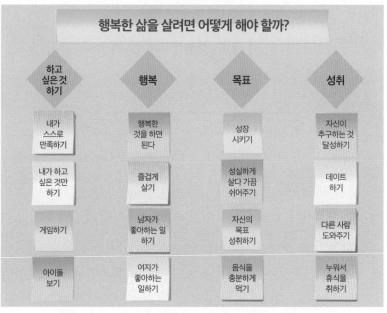

성인을 대상으로 '행복한 삶'에 대해 토론한 후 생각을 적어놓은 사례

놓았다.

아래쪽 자료는 성인들과 함께한 토론의 결과물이다. 토론 마지막 단계에 '행복한 삶'에 대한 생각을 적어 보면서 다양한 의견을 내놓았다.

"내가 잇고 있었던 게 많았네요."

"다시 뭔가 해봐야겠다는 생각이 들어요."

"다른 분들의 의견을 읽으면서 내 안에서 무언가가 끓어오르는 게 느껴져요."

"읽고 쓰다 보니 모두의 의견이 중요하다는 걸 느꼈어요."

"문제를 파악하고 쓰는 과정에서 새로운 통찰을 얻었어요."

참여자들의 반응을 종합해 보면 브레인스토밍을 통해 자유롭게 사고가 확장되는 경험을 했다는 의견이 대부분이었다. 창의적인 생각과 다양한 관점의 결과물을 얻고자 할 때 브레인스토밍을 추천한다.

뒤집어서 생각해요, 거꾸로 브레인스토밍

여기 한 치 앞도 보이지 않는 안갯속을 헤매는 조난자가 있다. 그에게는 자그마한 조명이 하나 있다. 이미 구조대가 가까이 왔지만 안개가 심해 그를 쉽게 발견하지 못하고 주변만 두리번거릴 뿐이다. 이때 조난자는 자신에게 빛을 비추면 구조대에게 본인의 위치를 알릴 수 있어 빠르게 구조될 수 있다.

이처럼 '거꾸로 브레인스토밍'은 어떤 상황을 정반대로 설정하고 발산하는 토론 방식이다. 거꾸로 생각하면 다른 관점에서 문제를 살펴볼 수 있기 때문에 다양한 의견을 낼 수 있다. 문제 해결을 위해 토론할 때 이 방법을 사용하면 주어진 문제에서 어떤 요소가 방해되고 있는지를 제대로 파악하여 문제점을 명확하게 이해할 수 있다.

거꾸로 브레인스토밍 토론을 할 때는 주제가 가질 수 있는 약점들을 모두 발산하고 해결해야 할 문제의 방향을 완전히 바꾸어서 새로운 해결책을 찾도록 해야 한다. 그 과정에서 학생들은 거꾸로 생각하는 것에 흥미를 느끼고 호기심이 생겨 토론에 잘 참여하고 문제점을 함께 논의하면서 유대감을 형성할 수 있다. 창의적이고 비판적인 사고력이 향상되는 것은 물론이다. 하지만 규칙적인 사고를 선호하거나 거꾸로 하는 발상에 어려움을 느끼는 학생들의 경우 생각할 시간을 충분히 주어 천천히 활동할 수 있도록 격려할 필요가 있다.

✦ 진행 방식

1. 교사는 학생들이 다양한 시각에서 생각할 수 있도록 문제를 명확하게 설명한다.
2. 각자 5~10분 동안 문제를 악화시키는 원인을 비롯한 부정적인 의견을 적는다.
3. 모둠원들과 대화를 나눈 후 중복되는 의견은 정리해서 해결 순위를 매기고 주요 내용을 뽑는다.
4. 선별된 내용을 뒤집어 반대로 정리해서 원래 해결하려던 문제

에 적합하게 바꾼다.

5. 구체적으로 실행할 수 있는 의견을 뽑는다.

6. 발표하고 전체에 공유한다.

♥ 교사는 부정적인 의견도 괜찮고, 조용한 학생의 의견도 중요하다는 점을 미리 안내하여 모든 참여자가 편안하게 발언할 수 있도록 분위기를 조성한다.

다음 페이지의 위쪽 자료는 '지구 사랑하기'라는 주제로 거꾸로 브레인스토밍을 진행한 사례이다. 지구 사랑하기의 반대 상황인 '지구를 망치는 법'에 대해 토론했다. 학생들은 지구 환경에 부정적인 영향을 미치는 여러 가지 문제로 '쓰레기 무단 방류', '일회용품 사용', '석탄을 많이 쓴다', '새옷 매일 사서 입기' 등을 적었다. 이렇게 거꾸로 브레인스토밍 토론을 하면 다양한 관점에서 문제를 바라볼 수 있고 자연스럽게 지구를 사랑해야 한다는 생각을 가질 수 있다.

아래쪽 자료는 지구 환경 문제를 악화시키는 원인 중 먼저 해결하고 싶은 문제에 우선순위를 매겨 효과적이고 실행 가능한 아이디어를 발산시킨 결과물이다. 학생들은 플라스틱의 사용으로 인한 문제점을 해결할 수 있는 방법으로 재활용을 생각했고 업사이클링 제품을 다양하게 표현했다. 학생들은 1.5리터 페트병으로 정수기, 휴지심으로 만든 작은 햄스터 장난감, 캔을 활용한 우산꽂이, 헌 옷으로 작은 가방 만들기 등 다양한 제품과 의견을 내며 즐거워했다.

지구를 망치는 법

쓰레기 무단 방류	세제를 많이 쓰는 일	일회용품 사용	자가용 이용
나무란 나무 베어 내기	전기를 많이 사용한다	쓰레기 마구 버리기	무엇을 하든 물 틀어놓기
음식물 쓰레기 많이 만든다	석탄을 많이 쓴다	매일 배달음식 시키기	'나 하나쯤' 하는 생각으로 살기
전자기기 무작위 사용	새옷 매일 사서 입기	나 하나로는 고칠 수 없다고 생각하기	농업에 투자 안 하는 일
육식주의	여름은 아주시원 겨울은 아주 덥게	지구 생각 안 하기	가까운 곳 자동차 타고 이동

모두의 의견을 동시에, 원더링 플립 차트

'한정된 시간 안에 논의할 내용이 많을 때 어떻게 하면 좋을까?'

'우리 반 모두가 참여할 수 있는 토론 방법은 없을까?'

이런 고민을 해결하고자 할 때 사용하기 좋은 토론이 '원더링 플립 차트Wandering Flip Chart'이다. 플립 차트는 강연에서 뒤로 1장씩 넘기며 보여주는 큰 차트이다. 원더링은 영어로 '돌아다니다', '거닐다', '헤매다'라는 의미를 지니고 있다. 한마디로 원더링 플립 차트는 학생들이 주어진 공간을 자유롭게 이동하면서 질문이 적힌 여러 차트에 생각을 기록하는 토론 방법이다.

이 토론은 짧은 시간 안에 모든 참여자가 여러 주제에 관해 동시다발적으로 다양한 의견을 발산할 수 있는 활동이다. 게다가 익명성을 보장하기 때문에 마음 놓고 생각을 표현할 수 있다. 본인의 생각을 적다가 다른 사람의 생각을 보고 자연스럽게 더 좋은 생각을 보태면서 사고의 폭을 넓힐 수 있다.

일반적으로 제한된 시간에 모든 학생이 참여하여 의견을 나누는 토론을 경험하기가 쉽지 않다. 원더링 플립 차트의 경우 벽을 사용할 수 있는 열린 공간이 있으면 20명 이상의 인원도 다양한 의견을 교환할 수 있다. 소요 시간은 라운드당 10분 내외이고, 접착 메모지, 전지나 이젤 패드, 검은색 네임펜, 스카치테이프를 준비하면 된다.

✦ 진행 방식

1. 각 모둠에서 뽑은 질문을 전지에 적어 교실 곳곳에 붙인다.
2. 학생들은 네임펜과 접착 메모지를 들고 자유롭게 돌아다니며 질문에 생각을 적는다.
3. 모든 질문에 의견을 적은 후 1라운드가 끝난다.
4. 2라운드에서는 펼쳐진 의견을 충분히 둘러보고 마음에 드는 내용에 각 차트당 1~2개의 스티커를 붙이도록 한다.
5. 1, 2라운드 모두 마무리되면 모둠의 질문을 가져가 비슷한 생각끼리 유목화한다.
6. 정리된 결과를 전체 공유한다.

💜 1라운드 안에서 활동을 마무리할 수 있도록 시간의 경과를 알린다. 돌아다니기만 하고 참여하지 않는 학생이 없도록 독려한다. 시간이 부족할 때는 3번에서 마무리하고 다음 단계를 유연하게 운영할 수 있다.

교사는 원더링 플립 차트를 활용해 참여자 중심의 수업을 디자인할 수 있다. 모둠에서 학생들이 만든 질문 중 한 가지를 선정했고, 5~6개의 모둠에서 나온 5~6개의 질문으로 반 구성원 모두가 토론하며 의견을 공유했다. 처음에는 본인 생각만 썼지만 1~2라운드를 거쳐 다른 친구들의 의견을 보면 '오 이런 생각을 한다니 제법인데?'라며 호기심과 흥미가 생긴다. 반 친구들의 다양한 관점과 흥미로운 생각을 통해 생각의 폭이 넓어지고 집단지성의 힘을 느낄 수 있었다.

1라운드

2라운드

원더링 플립 차트 이동 모형

최종적으로 교사가 학생들의 의견을 정리해서 읽어줄 때 반 구성원 모두가 집중하고 경청했다. 채택된 의견이 본인의 것이면 짜릿하고 뿌듯해하는 반응을 보였다. 마지막 성찰 과정에서 학생들은 "친구들의 의견을 들을 수 있어서 좋았어요", "생각보다 친구들이 진지해서 놀랐고 유익했어요."라는 의견을 남겼다. 학생들은 원더링 플립 차트 활동을 통해 생각의 폭을 넓히고 관점을 확장할 수 있다.

카페에서 대화하듯, 월드 카페 토론

'카페'라고 하면 어떤 모습이 연상되는가? 편안한 자리에 앉아서 자유롭게 대화를 나누는 사람들의 모습이 주로 떠오를 것이다. 카페 같은 분위기에서 자유롭게 자기 경험과 생각을 나눌 수 있는 토론 방식이 있다면 어떨까? 여기서는 카페의 손님처럼 편안하게 이야기를 나눌 수 있는 '월드 카페' 토론 방식을 소개하고자 한다.

월드 카페 토론은 1995년 후아니타 브라운과 데이비드 이삭스에 의해 개발된 대화 프로세스이다. 이는 열린 대화를 촉진하고 집단지성을 유도하는 방식으로 참여자들이 자유롭게 이동하며 다양한 주제에 관해 대화를 나누는 것이 특징이다. 월드 카페 토론은 대화를 촉진하는 구조화된 토론 방법으로, 12명의 소그룹에서 200명의 참여자를 위한 대규모 그룹 토론까지 다양한 규모의 인원을 수용하기에 효과적이며 유연한 형식으로 운영되었다.

월드 카페의 주제는 질문으로 표현되고, 학생들은 테이블을 옮겨 다니면서 그 질문에 대한 해법을 찾는다. 모둠의 호스트(카페 주인)는 참여자들이 골고루 발언할 수 있도록 토론 분위기를 조성하고 대화 내용을 정리하여 다음 참여자들에게 이전 결과물을 설명하는 역할을 한다. 학생들은 각 테이블에 있는 주제에 관한 대화를 이어가다가 제한 시간이 되면 진행자의 신호에 따라 테이블을 옮긴다. 먼저 이야 기를 나눈 모둠원이 떠나고 새 모둠원이 오면 호스트는 이전 대화 내용을 요약하고 그 이야기를 들은 새로운 모둠원들은 의견이나 아이 디어를 보태는 방식으로 활발한 의사소통이 이루어진다.

월드 카페 토론을 학교 현장에서 진행하기 위해서는 최소 12명 에서 20명 이상이면 가능하고, 보통 5~6명 정도가 한 테이블에 앉을 수 있도록 배치한다. 토론은 초등 3학년 이상의 경우 학생들의 협력 학습, 토론 활성화 등의 주제로 활용하면 좋고, 청소년과 성인의 경 우 아이디어 창출, 문제 해결, 의사 결정, 지역 사회 이슈 논의, 정책 수립 등과 같은 다양한 주제에 적용해 볼 수 있다.

토론을 진행하기에 앞서 이젤 패드나 전지, 네임펜, 테이블마다 매직 12색 1세트씩, 세 가지 색깔 정도의 접착 메모지 3묶음, 도트나 별 모양 스티커를 미리 준비해 두면 좋다. 카페 같은 분위기를 연출하 기 위해 잔잔한 음악을 깔거나 간단한 간식을 마련해 놓으면 좋다. 진 행 방식은 다음과 같다.

✤ 진행 방식

사전에 월드 카페 토론 방법을 설명한 후 호스트를 정하고 호스트의 역할을 안내하는 시간을 갖는다.

1. 전지 중앙에 주제 질문을 표기한다.
2. 선정된 테이블 호스트는 각 테이블마다 토론을 진행한다. (1회당 20~30분) 교사는 토론이 마무리되기 5분 전 공지한다.
3. 토론을 마무리한 후 호스트를 제외한 구성원은 다른 테이블로 이동한다. 이동할 때 최대한 새로운 사람을 만날 수 있도록 원하는 주제에 자유롭게 이동하며 대화할 수 있도록 한다.

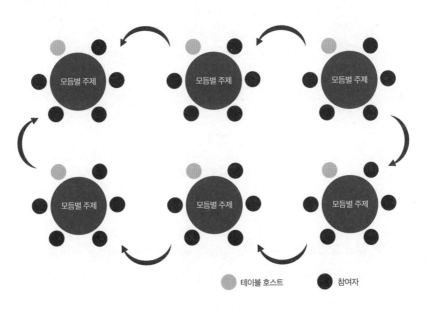

월드 카페 진행 방식

4. 새로운 참여자들이 오면 호스트가 이전 그룹의 대화 내용을 짧막하게 2~3분 정도 소개한다.

5. 2번과 3번 활동을 반복한다. 두 번째, 세 번째 이동 후 상황에 따라 토론.시간을 줄여서 진행할 수 있다.

6. 테이블마다의 토론이 마무리되면 전체가 모여 이전 대화 내용을 공유한다. 테이블 호스트가 앞에 나와 내용을 공유하는 시간을 가진다.

학생들의 의견이 남겨진 전지

❤ 장소가 협소하여 자유로운 이동이 어렵거나 자리 이동을 싫어하는 사람이 많은 경우에는 억지로 자리를 이동하게 하면 참여 의지가 낮아질 수 있다. 그러므로 조별 의견들이 적힌 전지만 각 테이블로 이동시켜

학생들이 다른 모둠의 내용을 보고 추가 작성할 수 있도록 하면 좋다. 토론의 결과가 2~3가지로 나뉘는 경우 학생들에게 투표를 통해 전체 의견을 정리하도록 하는 것도 방법이다. 솔직한 답변을 듣기 위해 투표를 활용할 수 있다. 찬성, 반대, 기권을 스티커로 평가할 수 있다. 보통 자유롭게 이동할 수 있지만 한 방향으로 이동하는 것이 좋다.

월드 카페 토론을 하면 학생들은 이동하면서 본인이 관심 있는 주제의 모둠에 의견을 보탤 수 있고, 호스트의 설명을 통해 이 모둠을 거쳐 간 다른 사람들의 의견을 들으며 충분한 의사소통이 이루어진다. 이를 통해 학생들은 자연스럽게 경청과 공감을 경험하고 관점을 확장할 수 있다. 앞 페이지의 자료에서 보듯이 월드 카페 토론에 참여한 학생들의 대화 내용은 모두 기록으로 남겨져 있어 토론이 끝난 후 호스트가 토론 결과물을 정리하기 쉽고 함께 보면서 전체 공유가 가능하다.

네 생각? 내 생각! 짝 토론

우리는 보통 영화의 예고편을 보고 어떤 영화를 볼 것인지 선택하고, 마트에 가면 시식을 한 후 음식 재료를 사기도 한다. 영화의 예고편이나 마트 시식 코너처럼 토론도 맛보기를 하면 더 섬세한 토론이 이루어질 수 있다. 토론 방법 중에서도 맛보기 같은 작은 세트가 바로 '짝 토론'이다.

유대인들은 유대교 경전 탈무드를 함께 공부하는 짝을 '하브루타'라고 부른다. 하브루타 토론에서 유래한 짝 토론은 1970년대 협동 학습이 소개된 후부터 널리 쓰이게 되었다.

짝 토론은 둘만 활동히기 때문에 보는 사람을 의식하지 않고 대화하듯이 편하게 토론이 진행되는 장점이 있다. 또 본격적인 토론에 앞서 대화의 물꼬를 트는 단계라고 할 수 있다. 예를 들어, 짝 토론 후 피라미드 토론*으로 연결할 수도 있고, 찬반 토론이든 어떤 주제의 토론이라도 대화식으로 부담 없이 시작할 수 있다. 주어진 시간 동안 한 친구가 의견을 말하고 짝은 그 친구의 말을 집중해서 들으며 적는다. 그리고 역할을 바꾸어서도 진행한다.

짝 토론은 대화의 가장 작은 단위인 2명이 토론하기 때문에 자신감 있게 의견을 말할 수 있다. 학생들은 본인에게 흥미로운 주제라면 더욱 적극적으로 의사를 표현한다. 1대 1 토론이어서 서로에게 초점이 맞추어져 듣는 태도가 좋아지고 추가 질문을 하면서 서로 깊은 대화를 나눌 수도 있다. 뿐만 아니라 들으면서 동시에 받아 적으므로 말하기와 듣기, 쓰기 등 의사소통 능력이 향상되고, 찬반 주제 토론의 경우 1명이 양측 입장을 다 해보기 때문에 비판적 사고가 향상된다. 나와 다른 상대의 의견을 들으면서 반대편의 입장도 수용

---

* 피라미드 토론은 2명의 소집단 토론에서 참여자 전체인 대규모 집단 토론으로 확산된다. 이 과정에서 토론자는 제시한 의견이 최종적으로 선택되기 위해 상대를 논리적으로 설득해야 한다. 1대 1→2대 2→4대 4→8대 8 단계로 올라가면서 설득된 쪽을 선택해 참여자가 합쳐지는 방식이다. 피라미드 토론은 수학여행으로 가고 싶은 장소와 같은 실생활에 필요한 주제로 하는 것이 효과적이다.

하는 토론의 효과를 얻을
수도 있다.

책을 읽고 '슬픔'에 관해 짝 토론하는 모습

　짝 토론은 어떤 주제
에도 쓸 수 있고 소외되
는 사람 없이 모두가 참
여하고 의견이 배제되는
일도 없다. 보통 2명씩 모
둠으로 묶고 반 전체가
동시에 토론이 가능하다.
진행 시간은 5분 정도 소요되는데 준비물은 접착 메모지와 활동지,
펜이 필요하다. 진행 방식은 다음과 같다.

✤ **진행 방식**

　1. 2명씩 짝을 만들어준다.

　2. 1명이 3분 동안 해당 주제에 대해 의견을 말한다. 이때 짝은
　　　친구의 의견을 집중해서 들으며 적는다.

　3. 말하는 사람과 듣는 사람의 입장을 바꾸어서 진행한다.

　4. 짝이 대신 상대방의 의견을 정리해서 발표한다.

♥ 찬반의 주제가 있는 경우 양측 입장을 바꾸어가며 짝 토론을 진행해
　　볼 수도 있다.

캐린 케이츠가 쓴 《슬픔을 치료해 주는 비밀 책》을 읽고 짝 토론 활동을 했다. 공통 질문과 뽑기 질문을 통해 참여자들은 짝의 경험과 생각을 듣고 대화를 나누었다. 특히 '슬픔'이라는 주제로 짝의 개인적인 경험을 나누면서 친근감을 느꼈고 서로를 이해할 수 있었다.

짝 토론을 마친 후 "함께 팀이 된 동료와 더 가까워진 느낌이 들어서 좋았다.", "서로 자기의 슬픔과 치유하는 방법을 공감하여 이해가 되었다."라는 반응을 보였다. 아래의 자료는 '독립운동을 위해 가족을 버린 사람을 이해할 수 있을까?'라는 주제로 짝 토론을 한 결과물이다.

토론에서는 말하기보다 듣기가 중요하다. 토론의 목적은 상대를 설득하는 것도 있지만 서로의 입장을 이해하면서 본인의 관점을 넓히는 것이기 때문이다. 짝 토론을 통해 작은 토론을 체험하며 서로를 이해한다는 토론의 큰 목적을 얻어갈 수 있었다.

오늘의 질문: 독립운동을 위해 가족을 버린 사람을 이해해 줄 수 있을까?

A(이해해 줄 수 있다)		B(이해해 줄 수 없다)	
내 생각	새롭게 알게 된 점	내 생각	새롭게 알게 된 점
시대적 배경으로 볼 때 그 당시 국권을 잃은 나라는 곧 우리 민족의 가족이자 미래였다. 모두가 갈망한 꿈을 이루기 위해 큰 결심을 하고 떠나간 이를 이해해 줄 수밖에 없다.	아무리 나라를 위해서라고 하지만 무엇보다 가족이 중요하다. 독립운동으로 인해 가족들의 삶이 힘들어진 것에 대한 책임이 있다.	우리가 인생의 처음을 시작한 곳은 가족이라는 굴레의 안에서부터이다. 나라를 지키는 것도 중요하지만 내가 가장 사랑하는 가족은 지키지 않은 채 국가를 위해 떠난 이를 이해할 수 없다.	자신의 가족, 자식들이 자유로운 나라에서 잘살 수 있게 만들어주고 싶어서 떠난 이를 비난할 수 없다. '가족도 못 지키는데 나라를 어떻게 지키겠건만….'

생각이 펼쳐지는 바람개비 토론

우리는 다양한 상황과 주제를 가지고 서로의 의견을 주고받는다. 어떨 때는 자유롭게 서로의 생각을 펼쳐보는 것도 좋지만 한 가지 주제를 좀 더 깊게 탐구해야 하거나 질문을 충분히 고민하고 생각을 담아내고 싶을 때도 있다. 이런 상황에서 '바람개비 토론'이 유용하다.

바람개비 토론은 학생들이 질문을 만들어 생각을 나누는 비경쟁토론 방식 중 하나로 서로의 생각을 디딤돌 삼아 다른 생각을 할 수 있도록 하여 학생들의 적극적 참여와 흥미를 높일 수 있는 효과적인 방법이다. 이 활동은 전지 가운데에 대표 질문을 쓰고 생각을 기록한 후 한 방향으로 돌리면서 생각을 보태는 방식으로 진행된다.

특히 토론에 대한 부담이 큰 학생이라면 본인의 지식이나 생각을 자연스럽게 공유할 수 있다는 점에서 쉽고 재미난 경험을 할 수 있다. 다만 바람개비 토론은 학생들의 관심도나 참여 의지에 따라 토론의 질이 달라질 수 있고 일부 학생들은 소극적일 수 있다는 우려가 있다. 예상되는 문제 상황에 대해서 학생들이 토론에 쉽게 접근할 수 있도록 필요한 자료나 질문을 미리 준비하거나 소극적인 학생들을 독려하기 위해 교사의 적절한 개입이 필요할 수 있다. 여기서는 바람개비 토론의 두 가지 방식에 대해 알아보자.

○ 대표 질문으로 시작하기

✤ 진행 방식

1. 책이나 영상 등의 주제나 키워드를 가지고 다양한 질문을 만들어본다.
2. 조별 대표 질문을 선정한다.
3. 각자 질문에 관한 생각을 기록한다.
4. 오른쪽으로 돌려 왼쪽 모둠원이 적은 내용을 보면서 내 생각을 보탠다.
5. 한 바퀴가 돌 때까지 4번 단계를 반복한다.
6. 다른 조와 질문을 바꿔서 똑같은 방법으로 생각을 보탤 수 있다.

 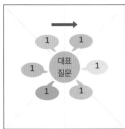 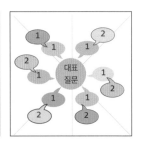

♥ 질문 만들기가 어려운 저학년은 교사가 질문을 미리 준비할 수 있다. 학생들이 각자 다른 색 펜을 사용하면 누가 적었는지 알 수 있어서 추가로 친구들과 적은 내용을 피드백하며 이야기 나누기가 편하다.

❍ 키워드로 시작하기

✦ 진행 방식

1. 가운데에 키워드나 주제를 붙인다.

2. 모둠원이 각자 질문을 하나씩 만든다.

3. 내 질문에 내 생각을 기록한다.

4. 오른쪽으로 돌려 왼쪽 친구의 질문에 내 생각을 보탠다.

5. 내 질문이 올 때까지 4번 단계를 반복한다.

  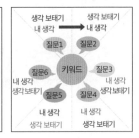

다음 페이지의 위쪽 자료는 모둠에서 정한 하나의 질문을 두고 다양하게 표현할 수 있도록 바람개비 토론을 진행한 사례이다. 처음 에는 주로 글로 정리가 되지만 내용이 보태지면서 공감 글과 더불어 새로운 질문이 나오기도 하고 반대 의견이 기록되기도 했다.

그 과정에서 학생들은 "재미있어요.", "이런 생각이 나올 수 있다는 게 신기해요.", "더 하면 안 되나요?", "친구의 생각에 보태다 보니 더 좋은 생각이 떠올라요. 조금 더 쓰고 싶어요."와 같은 반응을 보였다. 서로의 생각이 디딤돌이 되어 다양한 생각을 끄집어낼 수 있었던 사례이다.

아래쪽 자료는 고등 2학년 이과 학생들을 대상으로 했던 수업이다. '바이러스'라는 키워드를 두고 모둠원이 각각 질문을 만들어 붙인 후 전지를 돌려가며 생각을 보태는 바람개비 토론으로 진행된 사례이다. 그 과정에서 "선생님, 비슷한 질문은 어떻게 해요?"라는 질문이 있어서 먼저 질문 여러 개를 만들어본 후 각자 다른 질문을 고르게 했다. 우선 자신의 질문에 생각을 정리할 때는 시간을 충분히 주고, 다른 질문에 생각을 보탤 때는 시간을 조금 줄여서 진행했다. 때에 따라 모든 질문에 답할 필요는 없으며, 어려운 질문은 넘어갈 수 있도록 안내했다.

이 수업에서도 학생들은 친구들의 생각을 확인하면서 바로 또 다른 생각을 보탤 수 있어서 모두가 적극적으로 참여했다. "친구들의 생각을 바로 읽고 보태니까 조금 더 쉬웠어요.", "펜 색을 다르게 하니까 더 성실하게 썼어요."라는 피드백이 있었다.

창의적 발상, 생각의 피자 판

'오늘은 색다른 토론을 해보고 싶은데?'
'학생들이 흥미를 갖고 참여하게 할 수 있는 토론 방법이 없을까?'
'상상력을 자극할 수 있는 재미있는 토론, 어떻게 할 수 있을까?'
독서 수업을 오래 하다 보면 가끔은 신선하게 생각의 방향을 제

질문으로 시작하는 바람개비 토론의 사례

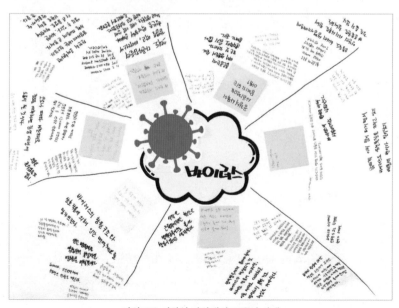

키워드로 시작한 바람개비 토론의 사례

시할 수 있는 대안이 목마를 때가 있다. 다양한 모양의 퍼즐을 맞춰 하나의 작품을 완성하듯 흥미로운 주제로 즐겁게 생각을 펼치고 토론 주제로 자연스럽게 이어가는 방법이 필요하다면 주제와 무관한 단어를 활용하여 생각을 도출하는 '생각의 피자 판'을 추천한다.

이 방법을 활용하면 관련성 없는 낱말들의 강제 연상을 통하여 뻔한 생각이 나올 수 있는 질문을 다양한 관점에서 창의적이고 혁신적인 사고로 이끌 수 있다. 주제와 관련 없이 학생들이 좋아하는 랜덤 워드를 생각의 피자 판 한가운데에 넣고 재미있게 토론을 시작해 보자.

다음 페이지의 자료와 같이 랜덤 워드로 '우산'을 선택했다면 접착 메모지에 적어 가운데 원에 붙이고, 그다음 바깥 원에 우산과 관련된 단어를 자유롭게 적게 한다. 그리고 오늘의 주제 '반 친구들과 추억 만들기'를 가운데 동그라미 우산 위에 붙이면 토론 준비가 끝난다. 이제 연상 단어를 주제와 강제 결합하여 다양한 생각을 문장으로 써보게 하면 된다.

생각의 피자 판은 다소 지루할 수 있는 토론 수업에서 놀이처럼 시작하여 참여자들의 자유롭고 활발한 소통을 유도할 수 있다. 또한 생각을 공유하는 과정에서 협업 능력이 향상될 수 있다. 강제 연상 부분이 다소 낯설 수 있어 초등 고학년부터 사용을 권장한다. 토론에 사용할 랜덤 워드는 교사가 흥미로운 단어로 준비할 수도 있고, 즉석에서 모둠별로 정할 수도 있다. 진행 방식은 다음과 같다.

✦ 진행 방식

1. 피자 판을 그린다.

2. 다양하고 흥미로운 랜덤 워드를 선정한다.

3. 선정된 랜덤 워드를 접착 메모지에 적어서 가운데 원에 붙인다.

4. 랜덤 워드에서 떠오르는 연상 단어를 바깥 원에 쓴다.

5. 랜덤 워드를 떼고 토론 주제를 가운데에 적는다.

6. 주제와 연상 단어를 연관 지어 문장으로 적는다.

7. 공유하고 토론한다.

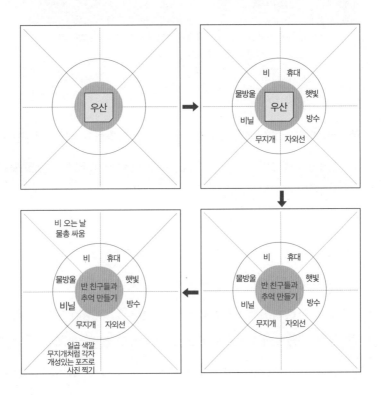

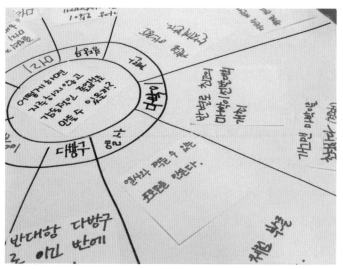

'어떻게 하면 지루하지 않고 감동적인 졸업식을 만들 수 있을까?'라는
주제로 생각의 피자 판 토론을 한 사례

💜 랜덤 워드는 학년별로 쉽게 접근할 수 있는 다양하고 흥미로운 단어로
준비한다. 연상된 단어가 때때로 주제와 연결이 어려울 수 있으므로
충분한 검토가 필요하다.

주제와 상관없이 랜덤 워드로 연상하는 첫 단계는 대부분의 학
생이 쉽게 수행할 수 있다. 그러나 이후 주제와 관련된 생각을 발산
하는 과정은 어려워했다. 가끔은 너무 엉뚱해서 "선생님 이렇게 하는
게 맞아요?", "어려워요."라는 반응이 나오기도 했다. 하지만 학생들
은 생각에 생각이 보태지면서 전혀 관계없을 것 같던 단어가 기발한
생각으로 연결되는 결과물을 흥미롭게 여겼다. 수업 후기에서 다양

한 토론 방식을 경험했던 학생들이 가장 기억에 남는 참신하고 재밌는 토론 방법으로 생각의 피자 판을 꼽았다.

생각의 피자 판은 보통 문제 해결이나 아이디어 도출이 필요한 주제에 사용되지만 질문을 새롭게 해석하고 본인의 생각을 연결해 볼 수 있는 좋은 토론 방식이다.

그림으로 토론해요, 리치 픽처

'리치 픽처'란 권투에서 팔을 완전히 폈을 때 손끝이 미치는 범위를 말하는 '리치reach'와 그림이라는 뜻의 '픽처picture'를 합성한 용어이다. 모둠 참여자들이 둘러앉아서 팔을 뻗어 직선, 곡선 등 다양한 선으로 낙서하듯이 그림을 그린다. 그렇게 그린 그림은 뇌를 자극하여 생각이 확장된다. 주제에 맞게 그림을 그릴 때 부호, 아이콘, 사물 등으로 스케치한다. 글로 쓰는 것보다 그림으로 토론하면 쉽고 재미있어 의미를 풍부하게 표현할 수 있다.

학생들은 비교적 그림 그리는 것에 익숙하다. 그래서 토론할 때 리치 픽처를 사용하면 분위기도 밝아지고 눈으로 볼 수 있기 때문에 시각적인 효과가 좋을 뿐 아니라 자연스럽게 서로 칭찬을 주고받는다. 그림으로 표현하다 보면 숨겨진 개인의 재능이 발휘되기도 한다. 하지만 그림이 부담스러운 학생들은 소극적일 수도 있으므로 교사가 단순한 표현도 가능하다고 미리 언급해 주는 것이 좋다.

그림에 자신이 없는 학생은 간혹 "선생님, 그림이 유치해도 되나요?"라고 묻기도 한다. 그래서 시작 전에 교사는 활동의 목적이 토론이지 그림이 아니기에 본인의 생각을 최대한 자유롭게 표현하라고 안내해야 한다. 그럼에도 부끄러움을 많이 타는 학생들은 그림이 다소 어색하면 지우기도 하지만 활동 중 정리된 생각을 글로 표현하고 생각지도 못한 결과물이 나오는 것을 보며 뿌듯하게 여긴다. 활동을 마친 후 본인의 그림을 설명하기 전에 핵심 키워드 등을 한 번 더 정리하게 하고 진행하면 토론에 더 효과적이다.

리치 픽처는 한 모둠의 인원이 6명을 넘지 않도록 구성하고, 활동을 할 때 예시를 보면서 하면 더 좋다. 특징되는 부분을 색칠하면 강조되는 효과가 있어서 무엇을 말하는지 쉽게 알 수 있으므로 색연필을 별도로 준비해도 좋다. 학생들은 정해진 3~5분 이내에 자유롭게 표현하면 된다. 리치 픽처를 진행하는 방식은 다음과 같다.

✤ 진행 방식

1. 그림을 그릴 다양한 도구와 전지를 테이블 위에 준비한다.
2. 주제를 알린 후 그와 관련된 그림이나 텍스트 등을 그리게 한다.
3. 그림을 설명할 때는 본인의 경험이나 설명을 공유하게 한다.
4. 학생들과 함께 그림을 검토하고 내용을 보완한 후 마무리한다.

💜 리치 픽처의 제목을 짓고 붙일 때 다른 사람의 의견도 살펴보도록 안내하면 좋다. 성인 참여자의 경우 그림 그리기에 대한 부담을 느끼기

도 한다. 참여자들이 그림을 그리면 "와~ 생각이 열리기 시작했어요."
라고 칭찬해 보자. 칭찬을 받은 참여자는 심리적으로 안심할 수 있다.

다음 페이지의 위쪽 자료는 효를 주제로 그림을 그린 후 자기 생
각을 글로 쓴 사례이다. 학생들은 여러 의견을 통해 리치 픽처 활동
의 전체 제목을 '선한 영향력'으로 붙였다. 학생들이 '효는 예절을
지키는 것이다', '효는 배려하는 것과 사람들에게 함부로 대하지 않
는 것이다', '상대방을 위해 선한 영향력을 주고 노력하는 것이다'라
고 말했다. 이렇게 부담 없이 그림을 그리고 본인의 생각을 정리하
여 표현하면서 학생들의 자신감이 향상되었다.

아래쪽 자료는 환경에 관한 책을 읽고 미세 플라스틱 이야기를
하면서 일회용품이 다회용품으로 재활용될 수 있다는 것을 그림으
로 표현한 것이다. 음료수 페트병으로 벽에 거는 작은 화분을 만들
수 있고, 남은 쇼핑백이나 현수막을 사용하여 다이어리를 만들어 사
용할 수 있다고 토론한 후 학생들은 자유롭게 경험을 나누면서 앞으
로의 실천 방향까지 표현했다. 이 경우에도 그림 그리기를 어려워하
는 학생들은 다른 친구들의 활동을 보고 생각을 표현하게 했다. 학
생들이 그림 그리기에만 집중할 경우 중간중간에 토론 주제를 한 번
씩 상기시켜 주었다.

그림으로 토론하는 리치 픽처는 참여자들이 몰입하기 좋은 방법
이다. 대부분 학생과 성인은 본인의 그림을 통해 새로운 관점을 발견
하고 생각을 시각적으로 표현할 수 있는 이 활동을 무척 뿌듯해했다.

'효'를 주제로 생각을 그림과 글로 표현한 사례

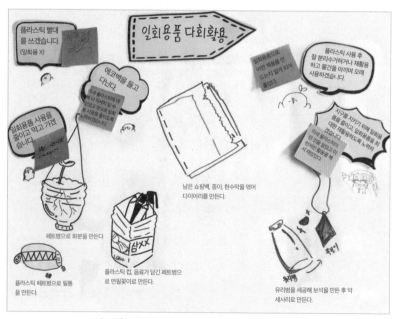

'환경'을 주제로 생각을 그림과 글로 표현한 사례

생선 뼈도 토론이 된다, 피쉬 본 토론

생선 뼈로 토론이 된다면 어떤 모습일까? '피쉬 본 토론'은 어떻게 활용하면 좋을까? 피쉬 본은 '생선 뼈 다이어그램'이라고도 불리며 주로 상하위 개념으로 구분해 상세히 분석해 볼 수 있는 토론 방법이다. 특히 이 토론은 문제의 원인을 체계적으로 분석할 수 있어 효과적인 해결책을 도출하는 데 유용하다. 학생들의 팀워크와 문제 해결 능력을 기르고 싶을 때 피쉬 본 토론을 활용하면 다양한 주제에 대해 논의해 볼 수 있다.

피쉬 본 토론을 진행할 때 생선 머리 부분에 주제를 미리 쓴 후 뼈대에 자신의 주장을 작성하고 근거들을 생선 가시 부분에 적으면서 나온 의견들을 보완한다. 이렇게 주장과 근거를 구조화하고 의견을 덧붙이고 수정하다 보면 주제를 좀 더 체계화시킬 수 있다. 문제 해결이 필요한 주제라면 문제의 원인을 뼈에 해당하는 요인으로 구분하여 체계적으로 분석하고, 모둠원들과 의견을 나눈 후 꼬리 부분에는 모둠의 입장을 작성하여 토론 결과를 정리할 수 있다.

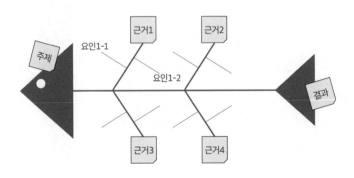

피쉬 본 토론을 하기 전에 교사는 미리 전지에 생선 뼈 모양 틀을 그려놓으면 시간을 절약할 수 있다. 진행 준비물 중 접착 메모지는 원인과 결과를 구분할 수 있도록 다른 색으로 준비한다.

✚ 진행 방식

1. 생선 머리 부분에 해결해야 할 주제 또는 토론 주제를 적는다.
2. 문제가 일어나는 큰 요인들을 찾고 가시 끝에 적는다.
3. 머리부터 꼬리로 가는 생선 뼈 부분에 주제에 대한 이유와 근거를 적는다. 큰 요인을 일으키는 세부 요인은 아래 작은 가시에 찾아 적는다. 또는 세부 요인을 찾아 나열한다.
4. 어느 정도 생선 뼈(이유와 근거)가 채워졌다면 함께 모여 정리한다. 도출된 의견들을 정리하여 아이디어의 우선순위를 정한다.
5. 생선 꼬리 부분에 모둠의 입장을 적는다.

💙 피쉬 본 토론은 해결하고자 하는 문제를 일으키는 원인을 찾아내는 방법이라고 설명하는 경우도 있다. 요인의 몇 가지 예시는 알려주는 것이 좋다(예: 환경, 시사 이슈, 공동체 문제, 프로젝트 수업 등). 문제를 일으키는 세부 요인은 최대한 많이 찾을 수 있도록 독려한다. 상황에 따라 '왜'라는 질문을 던지며 세부 요인을 적극적으로 찾을 수 있도록 돕는다.

다음 페이지의 자료는 아민 그레더가 쓴 《섬》을 읽고 인권과 차별에 관한 대안 탐색을 피쉬 본 토론으로 진행한 것이다.

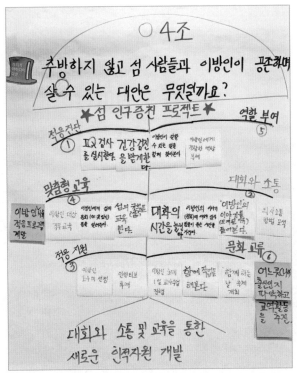

그림책 《섬》을 읽고 '인권과 차별'에 관한 대안 탐색을 피쉬 본으
로 진행한 사례

　피쉬 본 토론을 하면서 학생들은 "복잡한 문제를 명확히 하고 해
결책을 찾는 과정에서 문제를 체계적으로 분석할 수 있어 다양한 의
견을 정리하는 데 도움이 되었다.", "새로운 아이디어를 도출하는 데
효과적이었다."라는 긍정적 반응을 보였다.

　하지만 처음 참여해 본 학생들은 피쉬 본 토론 방식이 익숙하지
않아 어려움을 겪을 수 있다. 따라서 이 토론을 진행할 때는 그림책
을 활용하여 쉬운 주제부터 시작해 보기를 추천한다.

생각을 수렴하다

"우리 모둠의 대표 질문을 어떻게 정하지?"

"여러 의견 중에 공감 가는 의견은 어떻게 표현할 수 있을까?"

"발표해야 하는데 많은 의견 중 어떤 것을 말해야 하지?"

수렴은 의견이나 사상 따위가 여럿으로 나뉘어있는 것을 하나로 모아 정리한다는 뜻이다. 구성원들이 내놓은 여러 가지 생각이 실현되려면 의견을 모으는 과정이 필요하다.

만약 1명의 주장이나 선택으로 의견이 정해진다면 어떨까? 함께 하는 구성원의 의견이 존중받지 못한다는 느낌이 들 수 있다. 여럿이 낸 의견 중에서 구성원 모두가 인정할 수 있고 공감할 수 있는 의견으로 선택하고 합의하면 우리 모둠의 생각을 담아낼 수 있다.

에르디아 비경쟁토론에서는 대표 질문을 고르거나 다양하게 제시된 여러 의견 중 우리 모둠의 대표 의견을 선정해야 할 경우 다양한 수렴 방법이 쓰인다. 그중에서도 자주 사용되는 '공감 스티커'와 '신호등 투표'를 소개한다.

공감 스티커

'공감 스티커'의 장점은 상호작용을 강화할 수 있다는 점이다. 학생들은 모둠에서 나온 의견 중 가장 마음에 드는 것에 스티커로 투표하고, 결과물을 다시 한번 검토하며 구성원의 의견을 쉽게 모을 수 있다.

보통 스티커는 1인당 3개가 사용되고, 가장 많은 스티커를 받은 의견이 최종으로 선정된다. 이 과정에서 학생들은 나온 의견을 한 번 더 되새겨보고 판단할 수 있다. 이렇게 공감 스티커 투표로 뽑힌 의견들은 모둠의 대표 질문이나 대표 규칙, 대표 의견 등이 된다.

공감 스티커는 민주적인 방법으로 의사결정을 하는 다수결의 원리와 비슷하다. 이 방식은 학생들이 모둠 구성원에게서 나온 의견 중 다른 구성원들도 인정하는 의견에 투표한 후 최다 득점 된 의견을 뽑는 것이다. 그 때문에 구성원 간에 민주적인 의사결정이 이루어지는 훌륭한 합의 도구가 된다. 이 수렴을 위해서는 스티커가 필요한데 혹시 준비되지 않았을 때는 펜으로 별표를 쳐서 의견을 표시하기도 한다. 진행 시간은 5분 정도이다.

❖ 진행 방식

1. 모둠별로 공유한 내용을 보면서 1인당 3개씩 마음에 드는 내용에 준비한 스티커를 붙인다.

2. 모둠의 대표는 모둠원이 모두 스티커를 붙였는지 확인하고 최종 수렴된 의견이 무엇인지 확인하고 합의한다.

3. 발표자를 뽑아 우리 모둠에서 수렴된 내용을 전체 공유한다.

♥ 자신의 의견이나 한 가지 의견에 몰표를 하지 않도록 주의시킨다. 본인의 의견에 투표하고 싶으면 1표로 제한하고 1인당 스티커 3장은 각각 다른 의견에 붙이도록 안내한다.

질문 만들기 - 《자전거 도둑》을 읽고

학생들은 공감 스티커를 통해 서로의 의견을 비교하고 가늠하면서 더 좋은 의견을 골랐다. 이 과정에서 활발한 상호작용이 이루어졌고, 공감 스티커 투표를 통해 모둠의 전체 의견을 살펴볼 수 있다.

신호등 투표

'신호등 투표'는 다양한 질문이나 주제, 의견들을 빠르게 수렴하거나 생각의 다양성과 중요성을 나타내고 싶을 때 쓸 수 있는 효과적인 방법이다. 보통 각 스티커 1개가 동등한 가치를 지닌다는 기존의 원칙 대신 스티커 색깔별로 점수를 달리하여 수렴을 진행한다. 본인이 생각하는 질문의 의도나 주제의 가치에 따라 스티커 점수를 다르게 매겨 계산하는 방식은 무심코 넘긴 소수의 의견도 다시 점검할 수 있고 다른 이들의 공감 선호도를 좀 더 정확하게 파악할 수 있다는 장점이 있다.

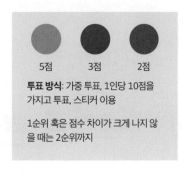

5점   3점   2점

투표 방식: 가중 투표, 1인당 10점을 가지고 투표, 스티커 이용

1순위 혹은 점수 차이가 크게 나지 않을 때는 2순위까지

신호등 투표는 손쉽게 구할 수 있는 3색 스티커로 색마다 점수를 부여하여 공감 정도에 따라 투표하는 방식으로 진행한다.

1. 1차 선정된 여러 개의 질문이나 공감 글을 전지에 옮겨서 정리한다.

2. 투표를 하기 전 참여자들과 평가 기준을 명확하게 합의하고 공유한다.

3. 선호도에 따라 점수를 가진 스티커를 부착한다. (초록 5점, 빨강 3점, 파랑 2점)

4. 각 주제에 부착된 스티커의 점수를 합산한다.

5. 점수가 가장 높은 것을 선정한다. 점수 차가 크지 않을 때는 생각을 더 들어보고 재투표할 수 있다.

실제로 신호등 투표 후 학생들은 "좀 더 신중하게 선택하게 되는 것 같아요.", " 스티커로 공감의 정도를 표현하니까 스티커가 많이 붙어도 공감 정도가 낮을 수 있다는 게 신기해요.", " 저희 회의할 때도 꼭 한 번 사용해 보고 싶어요."라는 반응을 보였다.

성찰을 나누다

　오늘의 수업이 어떤 의미였는지 돌아보는 것은 중요하다. 수업 자체보다 수업을 스스로 돌아보면 생각할 수 있는 힘이 생기고 스스로가 이전 활동들을 되짚어보며 의미 부여를 할 수 있기 때문이다.

　또한 학생들의 성찰은 그 자체가 교사에게 피드백이 된다. 수업이 좋았다는 피드백을 받으면 교사는 무엇보다 큰 기쁨과 보람을 느끼고 수업에 대한 내적 동력을 얻는다. 학생의 성찰로 완성되는 교사의 수업이랄까, 수업의 마지막 단추를 채우는 순간이다.

　책을 덮으면 끝나는 배움이 아니라 수업을 통해 성찰하고, 성찰을 통해 성장하는 것까지 추구하는 것이 에르디아 비경쟁토론의 지향점이다.

배·느·실

수업은 학생들에게 어떤 의미가 있을까? 수업이 끝난 후 학생들은 무엇을 가져가야 하고 무엇을 얻을 수 있을까?

과기 교사가 일방적으로 전달하는 강의식 수업에서는 지식을 전달하고 학생들이 정확하게 이해하는 것이 중요했다. 하지만 여러 가지 강의 방법이 나오면서 수업이 학생들에게 끼치는 영향과 정서적인 면까지 고려하는 교사가 많아졌다. 특히, 학생 스스로가 메타인지를 가지고 이 시간이 본인에게 어떤 의미인지 돌아보는 것을 중요하게 여겼다. 그런 교사들을 위해서 '배운 점, 느낀 점, 실천할 점'을 적는 수업 되돌아보기 방법을 추천한다. 이 성찰 활동은 수업 이후 학생들이 배움을 돌아보고 이후 성장으로 이어질 수 있는 좋은 방법이다.

에르디아 비경쟁토론에서 성찰할 때 주로 쓰는 방법으로 '배·느·실' 활동이 있다. 이 용어는 배운 점, 느낀 점, 실천할 점의 줄임말로, 오늘 수업을 하면서 내가 배운 점은 무엇인지, 내가 느낀 점이나 소감은 어떤 것이 있는지, 실천할 점은 무엇이 있을지를 생각하고 적어보는 것이다. 특히 실천할 점은 오늘의 배움이 시사하는 바나 책에서 주는 메시지를 삶과 접목해 보는 것이다. 학생들은 이런 성찰을 통해 배움이 책에서 끝나는 것이 아니라 어떤 것을 실천하여 변화할 것인가에 초점을 맞추어 생각해 볼 수 있다. 교사는 의도한 수업 목표가 성찰이 되어 학생들의 입으로 나왔을 때 가장 큰 보람을 느낀다. 배·느·실 활동 시간은 10분 정도 소요된다. 구체적인 진행 방식은 다음과 같다.

✤ 진행 방식

1. 접착 메모지와 성찰판을 준비한다.
2. 오늘 수업 내용을 처음부터 상기시킨다.
3. 수업하면서 배운 점, 소감이나 느낀 점, 실천할 점을 떠올려 적게 한다. 예시를 들어주면 학생들이 쉽게 생각과 마음을 정리할 수 있다. 5분 이상 시간을 주고 다 적었으면 각자 나와서 성찰판에 붙이도록 한다.
4. 진행자가 성찰을 읽어주어도 되고 시간이 허락한다면 1~2명이 나와 전체 공유한다.

♥ 배·느·실을 각각 따로 적어서 모아도 되고 시간이 부족하면 한 메모지에 다 적어도 된다. 세 가지 모두 쓸 시간이 안 되면 세 가지 중 하나만 적어도 된다고 안내한다. 배·느·실 활동은 시간이 좀 걸리기 때문에 수업 끝나기 전 10분은 확보해야 한다.

성찰은 수업 후 학생들이 느끼는 피드백이기 때문에 스스로 수업을 평가할 때 귀중한 자료가 된다. 다음 수업을 디자인할 때도 기초 자료가 되므로 성찰 자료는 사진을 찍어서 모아두는 것이 현명하다. 소감을 쓰라고 하면 학생들은 단순히 느낌만 쓸 수 있기 때문

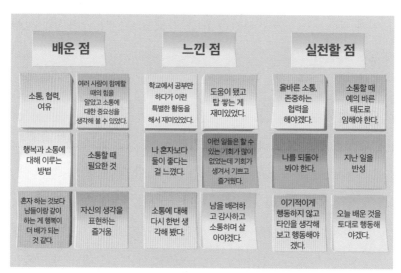

배운 점		느낀 점		실천할 점	
소통, 협력, 여유	여러 사람이 함께할 때의 힘을 알았고 소통에 대한 중요성을 생각해 볼 수 있었다.	학교에서 공부만 하다가 이런 특별한 활동을 해서 재미있었다.	도움이 됐고 탑 쌓는 게 재미있었다.	올바른 소통, 존중하는 협력을 해야겠다.	소통할 때 예의 바른 태도로 임해야 한다.
행복과 소통에 대해 이루는 방법	소통할 때 필요한 것	나 혼자보다 둘이 좋다는 걸 느꼈다.	이런 일들은 할 수 있는 기회가 많이 없었는데 기회가 생겨서 기쁘고 즐거웠다.	나를 되돌아 봐야 한다.	지난 일을 반성
혼자 하는 것보다 남들이랑 같이 하는 게 행복이 더 배가 되는 것 같다.	자신의 생각을 표현하는 즐거움	소통에 대해 다시 한번 생각해 봤다.	남을 배려하고 감사하고 소통하며 살아야겠다.	이기적이게 행동하지 않고 타인을 생각해 보고 행동해야 겠다.	오늘 배운 것을 토대로 행동해 야겠다.

독서토론 수업 후 배. 느. 실 활동

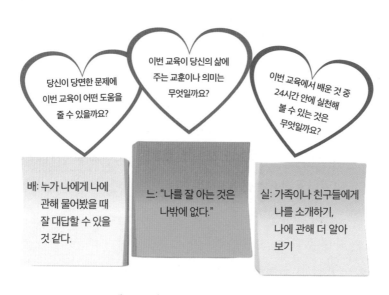

헬로우 Q카드를 활용한 배. 느. 실 활동

에 배운 점, 느낀 점, 실천할 점을 제시해 주면 더 구체적으로 수업을 돌아볼 수 있다.

K·B·S

'K·B·S'는 Keep(지속하다), Begin(시작하다), Stop(멈추다)의 약자로, 본인 성찰을 위한 효과적인 활동이다. 이 방법은 개인의 경험을 돌아보며 현재 상황을 세 가지로 분석하고 미래의 행동 방향을 설정하는 데 도움이 된다.

'Keep(유지하다)'은 현재 잘 수행하고 있는 행동이나 효과적인 전략을 파악하고 이를 지속해서 유지하고 강화하는 것이다. 이는 자신의 강점을 인식하고 발전시키는 데 중요하다.

'Begin(시작하다)'은 앞으로 새롭게 시작해야 할 점을 탐색하고 새로운 기획이나 아이디어를 발굴하여 발전과 변화를 추구하는 것이다. 이는 개인의 성장과 혁신을 촉진한다.

'Stop(멈추다)'은 부정적인 영향을 미치는 행동이나 습관을 식별하고 중단하는 것을 말한다. 비효율적이거나 해로운 관행을 제거함으로써 더 나은 결과를 얻을 수 있다.

K·B·S 활동의 장점은 학생들이 본인의 생각과 감정을 깊이 이해하고 객관적으로 판단할 수 있다는 것이다. 그리고 실천 가능성을 향상하고 구체적인 행동 계획을 세울 수 있어 실천하기가 쉽다. 진로나

리더십 향상에 적용하기 좋은 방법이다.

✤ 진행 방식

1. K·B·S의 의미를 알아본다.

2. 접착 메모지에 적어서 모둠에서 나눈다.

3. 접착 메모지를 준비된 전지에 붙여 전체에 공유한다.

아래의 자료를 보면 학생들은 "나는 ○○○을 계속하기로 했어", "새로운 ○○○을 시작할 거야", "○○○ 사용 시간을 줄이기" 등 K·B·S 활동을 통한 성찰 과정을 공유해 주었다. K·B·S 활동으로 본인의 행동을 살펴본 학생들은 긍정적인 습관은 강화하며 부정적인

역량 키우기

Keep (지속)	회의 중 소외되는 친구 없게	여러 사람의 의견을 듣고 반영하려고 노력하는 태도	좋은 관계에서 좋은 의견을 주고 받기 위해 구성원 간의 신뢰 지속	솔선수범이 되는 모범적인 태도
Begin (시작)	다수결로만 의견을 모으지 않는다	친구의 참여를 더 유도하고 좋은 의견으로 통일되게 노력	신속하고 융통성 있게 활동을 계획한다	여러 학생의 모습, 행동, 말을 더 적극적으로 수용하는 마음 가지기
Stop (멈춤)	나와 방향성이 달라도 듣고 반영하려고 하기	의견을 낼 때 재촉하지 않기	모든 의견을 각자가 다른 시각을 가지고 다양한 의견을 수용하는 마음	다수 앞에서 위축되지 않기

습관을 제거한 후 새로운 도전을 시도하겠다고 다짐했다.

　이처럼 K·B·S는 단순히 외부적 변화뿐만 아니라 학생들의 깊이 있는 내적 성찰을 바탕으로 실질적인 변화를 만들 수 있는 좋은 성찰 방법이다.

좋·아·해

　'좋·아·해' 성찰 활동은 토론 이후 마무리 단계에서 실행하면 좋다. 수업에서 '좋'았던 것, 수업 내용이나 활동 중 '아'쉬웠던 것, 수업을 통해 조금 더 '해' 보고 싶은 것이나 시도'해' 보고 싶은 것이 무엇인지를 살펴보는 방법이다.

　이 활동은 토론 수업 후 좋았던 점을 작성하면서 본인의 생각과 감정을 정리하며 더 깊이 배움을 이해할 수 있고 개인적인 성장에 도움을 준다. 그리고 아쉬웠던 점을 되짚어보는 과정을 통해 더 나은 의사소통 방법을 찾을 수 있고 이는 다음 번 토론을 진행할 때 의견을 더 효과적으로 전달하는 데 도움이 된다. 마지막으로 해 보고 싶은 점을 정리함으로써 향후 목표를 구체화하고 실천 계획을 세울 수 있다. 이런 성찰 과정은 개인적인 발전과 학습에 긍정적인 영향을 준다.

1. 수업을 계획할 때 성찰 시간은 10분 정도 배분하여 진행하도록 한다. 접착 메모지와 성찰판을 준비한다.
2. 수업에서 했던 내용과 활동을 상기시켜 준다.
3. 수업에서 좋았던 점, 아쉬웠던 점, 해 보고 싶은 점을 작성한다.
4. 모둠별로 자신이 작성한 성찰을 돌아가면서 의견 나누기를 하거나 전체 발표 및 공유를 한다.

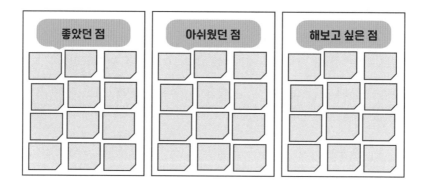

❤ 전체 공유할 시간이 없을 경우 교사가 학생들의 성찰을 읽어줄 수 있다. 해보고 싶은 점에서 궁금한 점이나 이유를 더 들어보고 싶은 의견이 있을 경우 작성한 사람에게 질문하여 전체 공유할 수 있다.

좋·아·해 성찰 활동은 학교에서 한 학기 수업이 끝낸 후 학생들과 한 학기 동안 우리 반 활동 중 좋았던 점, 아쉬웠던 점, 2학기에 더 해보고 싶은 점 등으로 반 활동이나 수업에 대한 회고에 활용하면 좋다.

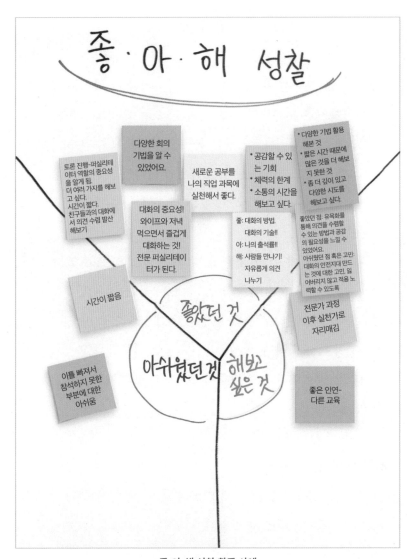

좋·아·해 성찰 활동 사례

3분 전력 질주

보통 전력 질주는 뛸 때 모든 힘을 다하여 빨리 달리는 것을 말한다. 마찬가지로 토론에서 '3분 전력 질주'는 생각을 3분 동안 빠르게 정리하는 방법이다. 이 성찰 활동은 학생들이 수업 시간에 다루었던 내용부터 느낌이나 생각, 모둠원의 이야기 그리고 새롭게 알게 된 사실이나 본인이 실천하고 싶은 것 등을 멈추지 않고 적는 것이 핵심이다.

보통 글을 쓸 때 한 문장 한 문장 일관성 있게 쓰고 있는지, 글의 전개는 자연스러운지, 맞춤법은 제대로 되었는지 확인하는 단계가 필요하다. 하지만 3분 전력 질주는 우선 느낌대로 마구 적어 내려가는 것이 더 중요하다. 학생들은 3분 동안 멈추지 않고 생각을 쓰면서 자기 검열로 숨겨진 생각들이 고스란히 종이에 적히는 경험을 할 수 있다.

✤ 진행 방식

1. A4 용지를 1명당 1장씩 준비한다.
2. 타이머를 3~5분으로 맞춘다.
3. "그만!"이라고 말할 때까지 생각을 종이에 적게 한다.
4. 상황에 따라 공유한다.

💜 보통은 A4 용지를 1장씩 나누어주지만 처음 해보는 참여자라면 A4 용지 반 장이나 줄노트를 이용하여 분량을 조절할 수 있다. 시간이 충분한 경우에는 시간을 5분으로 정하고 천천히 기록할 수 있도록 한다.

나의 생각 정리

습지는 생물 다양성을 가지고 있다. 습지는 물을 일정 기간 동안 가두고 있으므로 자연재해를 막을 수 있다. 습지는 문화적 가치가 있다. 사람들의 휴식처가 될 수 있는 곳이기도 하다. 습지는 철새들의 도래지로 우리는 철에 따라 오는 다양한 새들을 볼 수 있다. 습지는 자연 습지와 인공 습지가 있다.

습지는 우리가 살아가는 데 없어서는 안 될 중요한 곳이다. 그래서 잘 보호하고 잘 관리해서 미래 세대로 이어져 내려갈 수 있도록 해야 한다. 생물 다양성을 잊지 말고 탄소 저장고인 것도 기억하고 우리가 살기 위해서도 꼭 필요하므로 명심하고 살아가기를 바란다. 우리가 즐겁다고 맨발 걷기를 하면 그 몸이 사는 대신 동물들은 죽어가는 것이고 살아갈 생물들이 없으니 곧 그것은 우리에겐 큰 낭패인 것이다.

습지가 우리에게 얼마나 중요한지 몰랐다. 습지는 생물 다양성을 가지고 있다. 생물들이 잘살기 위해서는 숨을 쉴 수 있는 공간을 확보해 주어야 하는데 인간들은 자신들의 안일만을 위해 행동하며 지구에 같이 사는 다른 종들의 삶을 무너뜨리고 파괴하고 있다. 우리는 많이 배우고 익혀서 지구에 사는 다른 생물들과 같이 사는 것을 깨닫고 그 깨달음을 알지 못하는 다른 이들에게 가르침을 줄 수 있는 사람이 되었으면 좋겠다. 또한 그 가르침을 듣고도 무시하는 사람들에게 정책을 만들어 강압적으로라도 지키게 해야 할 것이다.

SBS가 그린 뉴스는 칭찬할 만하다. 우선은 많은 사람들이 뉴스를 보았을 것이고 하면 안 되는 행동이라는 것이 여론으로 형성될 것이기 때문에 긍정적인 효과를 가져온 것으로 생각된다. 그렇다면 나는 무엇을 해야 할까. 우리 단체를 떠올려본다. 우리가 할 수 있는 습지 보존 활동은 무엇인가? 의미 있는 활동을 하고 싶다. 새들에게 식물들에게도 도움이 되고 싶고 이런 질문 도출을 어떻게 적용할지 고민도 된다.

'습지'의 중요성에 관해 토론한 후 3분 전력 질주로 생각을 적은 사례

3분 전력 질주 활동은 학생들에게 3분 동안 아무 제약 없이 자유롭게 소감과 의견을 발산하는 경험을 주고 싶을 때 사용하면 좋다.

에르디아 비경쟁토론
수업을 디자인하다

초판 1쇄 발행 2025년 3월 30일

지은이 에르디아 대화학교(주)

책임편집 도은주

펴낸이 윤주용
편집 류정화, 박미선 | 마케팅 조명구 | 홍보 박미나

펴낸곳 초록비공방
출판등록 2013년 4월 25일 제2013-000130
주소 서울시 마포구 동교로27길 53 308호
전화 0505-566-5522 | 팩스 02-6008-1777

메일 greenrainbooks@naver.com
인스타 @greenrainbooks @greenrain_1318
블로그 http://blog.naver.com/greenrainbooks

ISBN 979-11-93296-84-4 (03370)

어려운 것은 쉽게 쉬운 것은 깊게 깊은 것은 유쾌하게

초록비책공방은 여러분의 소중한 의견을 기다리고 있습니다.
원고 투고, 오탈자 제보, 제휴 제안은 greenrainbooks@naver.com으로 보내주세요.